UTE GLASER

NOCH MEHR IDEEN AUS DER

ELTERN TRICKKISTE

SPRACHE

KONSEQUENZ

MITEINANDER

TISCH & BETT

KÖRPER

UNTERWEGS

SCHULE

HAUS-AUFGABEN

SPIELERISCH FÖRDERN

VORWORT

Liebe, Vertrauen und Respekt

ELTERN WÜNSCHEN SICH manchmal, ein paar wirkungsvolle Zaubertricks zu kennen. Doch waschfauler Nachwuchs verwandelt sich nicht mit einem Fingerschnippen in einen Badezimmerfan, auch gegen Hausaufgabenfrust lässt sich kein Zauberspruch finden. Die »Rezepte« zwischen diesen Buchdeckeln entsprechen vielmehr der Art von Tricks, wie sie jeder aus der Arbeitswelt kennt, ob Handwerker, Hausfrau, Büroangestellter oder Sternekoch: Kleine Kniffe machen die Arbeit leichter und das Ergebnis oft besser. Warum sich nicht auch den Erziehungsalltag so erleichtern? Aus dem wenig verlockenden »Resteessen« zum Beispiel wird mit exotischen Gewürzen ein »Gericht aus Tausendundeiner Nacht«. Statt ewig über einer Rechenaufgabe zu brüten oder sich die Lösung von Ihnen zu erbetteln, schafft Ihr Kind mithilfe von Murmeln womöglich selbst den Durchbruch.

Damit Eltern nicht all das neu erfinden müssen, was andere Mütter und Väter bereits erprobt haben, sind hier Tipps aus verschiedenen Bereichen des Familienlebens zusammengestellt. Allesamt mit dem Ziel, das Leben gelassener und fröhlicher zu gestalten.

Wer in die Trickkiste greift, sollte berücksichtigen, dass nicht alles immer gleich gut wirkt. Ein Kind ist ein Individuum und keine Maschine, und das gilt ebenso für Eltern. Ein Fenster lässt sich je nach Wetter besser oder schlechter putzen, und ein Kind lässt sich nicht immer für jedes Vorhaben gewinnen. Mit dem Alter nimmt außerdem die Gewitztheit zu, was das Anwenden simpler, spontaner Tricks erschwert. Strategisch durchdachte Tricks gewinnen dann größere Bedeutung.

Eins ist ohnehin Grundbedingung dafür, dass kleine Kniffe das Miteinander in der Familie »ölen«: gegenseitiger Respekt. Wenn Sie den kleinen Menschen in seiner Würde wahrnehmen, können Sie einiges verbieten oder durch Finessen erreichen, weil die Basis stimmt. Ihr Kind spürt das liebende Vertrauen von Mama und Papa und begreift, dass es Ihnen um sein Bestes geht, selbst wenn es den einen oder anderen Trick irgendwann durchschaut.

Ute Glaser

SPRACHE

In einer Familie wird vieles besprochen: Gedanken und Gefühle, Erwartungen und Wünsche, Sorgen und Freuden, aber auch so Alltägliches wie das Mittagessen, das Fußballtraining am Nachmittag oder eine gemeinsam angesehene Fernsehsendung. Damit ein Kind lernt, in der Welt zurechtzukommen, und seine Eltern versteht, kommt es beim Sprechen oft auf das Wie an. Wenn Sie als gute Gesprächspartner die Worte mit Bedacht wählen wollen, helfen ein paar Kniffe.

NAMENSRUF ALS SIGNAL

Damit die Botschaft ankommt

DER VORNAME EINES KINDES ist ungemein wichtig in der familiären Kommunikation. Mit ihm reden Eltern ihr Kind viele Male am Tag an und wenden sich ihm unmittelbar zu. Wenn es seinen Namen hört, weiß es seinerseits, dass es die Ohren spitzen sollte, weil die nun folgenden Worte eindeutig ihm gelten. Der eigene Vorname hat hohen Signalwert, ein Kapital, das Eltern hüten und nutzen sollten. Stattdessen wird es oft verschleudert, indem die Eltern den Namen des Sprösslings durch die Gegend schmettern, ohne eine Botschaft hinzuzufügen. »Marvin!« – weiter nichts. Soll Marvin jetzt sagen, wo er ist? Soll er herkommen? Soll er etwas tun oder etwas anderes lassen? Marvin hat keine Ahnung, was von ihm gewünscht wird.

Ein Kind, dessen Name öfter solo erschallt, wird darauf irgendwann nicht mehr reagieren. Der Aufmerksamkeitseffekt verpufft. Das ist schade – und es kann sogar gefährlich sein, speziell wenn Eltern ihr Kind vor einer akuten Gefahr warnen wollen! Möchten Sie erreichen, dass Ihr Kind aufmerkt und hört, wenn Sie es bei seinem Namen rufen, dann setzen Sie unbedingt in aller Kürze hinzu, was Sie wollen. Zum Beispiel so: »Marvin! Komm mal bitte zu mir in den Keller!« oder »Klara! Bist du schon zu Hause?«.

Ich bemerkte ein etwa vierjähriges Mädchen, das in der Fußgängerzone mit seinem Vater unterwegs war. Die Kleine entdeckte ein öffentliches Telefon, lief hin und nahm den Hörer ab. »Lena!«, rief der Vater ihr nach – sonst nichts. Wollte er, dass sein Kind sich nicht mit dem Telefon beschäftigte? Wollte er, dass Lena nicht mit dem Hörer spielte oder dass sie flott zu ihm zurückkam? Das Töchterchen ahnte genauso wenig wie ich, was er ihr mit seinem Ruf sagen wollte, und tat entsprechend – nichts. Es spielte weiter mit dem Telefonhörer. Als der Vater schließlich weiterging, lief das Kind ihm nach und ließ den Hörer baumelnd hängen.

WORTVIELFALT

Zum Entfalten der Persönlichkeit

EIN KIND KANN SEIN ICH umso besser formen, je besser es sich auszudrücken lernt. Aus dem Wortschatz lässt sich schöpfen, um Beobachtungen, Gefühle und Erlebnisse zu beschreiben: Es ist ein Unterschied, ob ein Kind »Ich bin traurig« sagt oder ob es formulieren kann: »Ich habe Sehnsucht« (deshalb bin ich traurig). Fürs differenzierte Betrachten der Welt sollte der Nachwuchs »Meer«, »Teich« und »Stausee« unterscheiden können, statt alles »Wasser« zu nennen. Ein »Der Helge ist doof« ist weniger hilfreich als »Er hat mich beleidigt«. Schenken Sie Ihrem Kind ein großes Wortfeld, aus dem es ernten kann. Zeigen und erklären Sie ihm den Unterschied zwischen Heu und Stroh, Weißkohl und Wirsing, ängstlich und zurückhaltend, frech und boshaft.

Wer bis ins Grundschulalter viel vorliest, vergrößert spielerisch den Wortschatz seines Kindes. Erklärt der Vorleser Wörter wie Maultrommel und Gouvernante, lernt der kleine Zuhörer sogar nebenbei Neues – umso wichtiger, weil immer mehr Begriffe verloren gehen. So sagen viele Kinder nicht mehr »Wiese« und »Gras«, für sie ist alles »Rasen«.

SPIELERISCH FÖRDERN 1

HORIZONT ERWEITERN

»Die Jugend hat ja für nichts Interesse!«, jammern Erwachsene. Doch Interesse lässt sich wecken. Konfrontieren Sie Ihr Kind mit neuen, überraschenden Dingen. Geben Sie nicht klein bei, wenn es lieber zum x-ten Mal in den Zoo statt erstmals in den Wildpark will. Umso lehrreicher ist die Erfahrung, wenn sich etwas Unbekanntes als tolle Sache entpuppt. Gerade die Vielschichtigkeit unserer Welt ist es, die bildet. Oft wird in der Kindheit eine Saat gelegt, die erst Jahre später aufgeht.

SÄTZE STATT BROCKEN

Der Sprechfaulheit trotzen

FAULSEIN IST SCHÖN, und es ist den meisten Menschen von Natur aus angenehm. Kinder sind besonders oft sprechfaul. Sie kommunizieren gern in Brocken: »Durst!«, heißt es dann knapp, auch »Gib!«, »Das da!«, »Zwei Schöpflöffel!« oder »Mehr!«.

Solange gutmütige Eltern dem Kind geben, was es offenbar will, muss es sein Sprechverhalten nicht ändern. Doch in der Welt draußen ist es ein Nachteil, nicht in ganzen Sätzen zu sprechen. Satzbrocken sind missverständlich und wirken unbeholfen. Fordern Sie Ihrem Kind zuliebe, dass es in ganzen Sätzen redet.

Ruft Ihr Sprössling »Fleisch!«, fragen Sie nach: »Was möchtest du? Bitte sag es in einem ganzen Satz.« Warten Sie geduldig. Fällt Ihrem Kind die richtige Formulierung nicht ein, sprechen Sie notfalls vor: »Ich möchte noch etwas Fleisch.« Mit dem, was es will, beschäftigen Sie sich erst, wenn die korrekte Langversion Ihre Ohren erreicht hat.

ADJEKTIVE RETTEN

Damit Sprache und Leben bunt bleiben

AUF DER LISTE der bedrohten Wortarten steht ganz oben das Adjektiv. Grundschüler reihen beim Sprechen oft nur kurze Hauptsätze aneinander, in denen Adjektive völlig fehlen. Das raubt der Sprache ihre Farbigkeit und reduziert die Möglichkeiten, Empfindungen und Beobachtungen verständlich und lebensnah auszudrücken.

Stellen Sie sich vor, Ihr Kind erzählt: »Ich habe eine Frau gesehen, die einen Wagen mit Sachen zog.« Wie viel ausdrucksstärker wäre es, wenn es hieße:

»Ich habe eine zerlumpte Frau gesehen, die einen wackeligen Einkaufswagen voller verrosteter Sachen zog.« Eltern sind Vorbilder – auch in sprachlicher Hinsicht. Wer Adjektive selbst oft gebraucht, schärft die Wahrnehmung seines Kindes und gibt ihm ein Sprachwerkzeug an die Hand, mit dessen Hilfe es nicht nur die Außenwelt, sondern auch seine Innenwelt differenziert beschreiben kann.

EINDEUTIGE BEGRIFFE

Je präziser, desto besser

GERADE WENN ELTERN etwas erreichen wollen, gilt: Sie sollten dafür eindeutige Begriffe wählen und genau sagen, welches Verhalten sie vom Kind erwarten. Mit so unkonkreten Aufforderungen wie »Sei lieb!« oder »Sei vorsichtig!« weiß das kleine Gegenüber oft nichts anzufangen. Womöglich hat es sogar eine ganz andere Vorstellung von dem, was beispielsweise »lieb sein« meint. Zudem bedeuten solche Aufforderungen je nach Situation unterschiedliche Dinge, die benannt werden wollen. So kann ein »Sei vorsichtig« in Bezug auf das Tischdecken heißen, dass der kleine Helfer die Schüssel mit den Kartoffeln beim Tragen gut festhalten soll. Beim Streicheln eines Babys fordert es dagegen die sachte Berührung und beim Radfahren das wachsame Beobachten des Straßenverkehrs.

Möchten Sie, dass Ihr Kind Sie versteht, dann wählen Sie eindeutige Begriffe für das, was Sie wünschen: Statt »Sei lieb!« sagen Sie konkreter »Tu das, was Oma sagt!«, statt »Sei vorsichtig!« präzisieren Sie »Halte dich beim Klettern gut fest!«.

Das etwa zweijährige Mädchen im Wartezimmer hielt seiner Mutter ein Spiel hin und redete dabei quengelnd auf sie ein. Die Mutter forderte unwirsch: »Rede anständig!« Aber was bedeutet »anständig«? Lauter, leiser, ruhiger? Das Mädchen hatte offenbar keine Ahnung und änderte seinen quengelnden Tonfall um keinen Deut. »Sprich bitte deutlich und freundlich mit mir«, wäre hier wahrscheinlich effektiver gewesen.

»BÖSE« GIBT'S NICHT

… oder nur im Märchen

»DU BIST BÖSE!« Ein Satz, den jeder lassen sollte, der sein Kind liebt. Mit »böse« heften Eltern ihrem Sprössling ein Etikett an, das er nicht genau erfassen kann und als beängstigend empfindet. Hexen und Zauberer im Märchen sind böse! Kinder begreifen, dass »böse« ein grundlegender Wesenszug ist, der die ganze Persönlichkeit beherrscht. Wer will im Glauben aufwachsen, so von den eigenen Eltern eingeschätzt zu werden? Denn in den Augen eines kleinen Kindes haben Mama und Papa immer recht.

In der Regel wollen sie damit nur sagen: »Du bist frech«, »Du gehorchst nicht« oder »Du bist ganz schön aufsässig«. Sagen Sie dies bitte auch so! Benennen Sie konkret, was Sie am Verhalten Ihres Kindes stört. Anschließend fügen Sie hinzu, was Sie erwarten: »Lass das! Ich erwarte, dass du hörst, wenn ich was sage« oder »Hör auf, deinen Bruder zu piesacken. Spiele friedlich mit ihm«.

POSITIVES HERVORHEBEN

Damit Gutes bewahrt wird

SOLL AUS IHREM KIND ein trauriger Pessimist werden oder ein fröhlicher Mensch, der glücklich durchs Leben geht? Das können Sie beeinflussen, indem Sie Ihr Kind möglichst oft auf Positives hinweisen und dadurch schöne, bereichernde Facetten des Lebens in sein Bewusstsein rücken: »Guck mal, wie wunderbar das Herbstlaub leuchtet« oder »Schau, wie liebevoll der Mann die alte Dame stützt«. Solche Dinge zu erkennen ist teils vielleicht in die Wiege gelegt, doch vor allem gelingt es, indem man die Wahrnehmung schult. Schlechte, ängstigende und deprimierende Ge-

gebenheiten unserer Welt stehen meist im Vordergrund, aufgrund der Berichterstattung der Medien. Dagegen müssten Schönes und Gutes nicht extra erwähnt werden, glauben viele, denn diese Dinge seien selbstverständlich. Aber was empfindet ein Kind, wenn es aus dem Mund seiner Eltern zu 80 Prozent Seufzer, Rügen, Klagen, Verbote hört? Schlussfolgert es, dass seine Mutter und sein Vater in Wirklichkeit denken, das Leben sei etwas Wunderbares?

Zudem besteht die Gefahr, dass wir etwas Gutes ahnungslos über Bord werfen, wenn wir es nicht mehr bewusst wahrnehmen. Vielleicht malt ein Kind für Papa kein Bild mehr, weil er bisher nie gesagt hat, dass er sich freut.

Sprechen Sie über Positives. Loben Sie Ihr Kind, wenn es etwas gut gemacht oder etwas Schlechtes gelassen hat. Was es als schön, gut und notwendig erkennt, kann es bewusst beibehalten, hüten und bewahren.

KEINE UNTERSTELLUNGEN!

Sie kränken und machen wütend

MANCHMAL MACHEN WIR unser Kind wütend oder traurig, ohne dass wir es merken. Dann nämlich, wenn wir ihm etwas unterstellen, weil wir Erwachsenen meist meinen, den Durchblick zu haben. Dann heißt es: »Du hörst ja gar nicht zu«, weil Töchterlein bei Mamas Rede mit dem Anorakbändel spielt. Oder: »Warum hast du so getrödelt?«, wenn der Filius später als gedacht mit den Hausaufgaben fertig geworden ist.

Nicht jedes Kind ist selbstbewusst genug, um zu verkünden »Natürlich höre ich zu!«, weil der Bändel nur die Hände, aber nicht den Geist beschäftigt. Nicht jeder kleine Zuspätkommer erklärt mit Entschiedenheit: »Ich habe nicht getrödelt. Sven hat angerufen, damit ich ihm Mathe erkläre.« Hört ein Kind wiederholt, dass seine Eltern Negatives unterstellen, also schlecht von ihm denken, kränkt es das sehr. Besonders dann, wenn es um seinen Charakter und seine Gefühle geht (siehe Seite 18).

Viel besser ist es, wenn Sie Ihre Empfindung sachlich äußern: »Ich habe das Gefühl, dass du mir gar nicht zuhörst. Lass bitte den Bändel los und sieh mich an.« Oder fragen Sie nach: »Warum bist du denn erst jetzt mit Hausaufgaben fertig geworden, gab es ein Problem?«

KOMMENTARE LASSEN

Wut braucht kein Echo

EIGENTLICH KLINGT ES SO EINFACH, und doch ist es oft so schwierig: Wenn ein Kind meckert und mault, sollten Eltern am besten erst einmal gar nichts sagen. Wenn es schimpft und motzt, sollten sie erst mal schweigen. Wenn es seinem Ärger Luft macht oder von dem erzählt, was es so wütend macht, können sie zuhören, vielleicht ein teilnehmendes »Aha« äußern oder auch zum besseren Verständnis nachfragen.

Es ist deshalb so schwer, sich Kommentare zu verkneifen, weil Erwachsene viele Zusammenhänge ganz anders durchblicken und ihr größeres Wissen einbringen möchten. Oder weil das Gehörte sie animiert, Selbsterlebtes zum Besten zu geben. Oder weil sich ihnen die Nackenhaare sträuben und sie Kontra geben wollen. Oder weil sie glauben, sich rechtfertigen zu müssen. Oder auch weil sie Angst um ihren kleinen Schatz haben und ihn vor Gefahren behüten möchten. Zudem leben wir in einer Leistungsgesellschaft, die im Nu alles bewertet, und diesem Mechanismus können sich auch Eltern kaum entziehen.

Natürlich können und sollen Eltern aus all den oben genannten Gründen ihre Sicht der Dinge darlegen – doch immer in Maßen. Auch wenn das Familienleben wesentlich vom Miteinanderreden lebt, braucht ein Kind doch in erster Linie jemanden, der ihm liebevoll zuhört und bei seinen kleinen und großen Sorgen und Ärgernissen mitfühlt. Jemanden, dem es sich öffnen und dem es sich anvertrauen kann.

Das tut es aber nur dann, wenn es weiß, dass es sich frei äußern kann – ohne dafür sofort einen schlauen Kommentar zu ernten. Das gilt besonders, wenn ein Kind wütend ist: Dann will es sich nur Luft machen und braucht einen Blitzableiter – ganz ohne Echo (siehe auch Kasten Seite 35).

Die achtjährige Isa wütete zu Hause herum und war außer sich, weil ihr in der Schule ein anderes Kind »blöd gekommen« war. Ihre Mutter fragte sie entnervt, was sie denn da nun machen solle. »Gar nichts«, sagte Isa. »Ich will jetzt einfach nur wütend sein!«

FRAGEN ERDULDEN

»Wer nicht fragt, bleibt dumm«

DIE »WARUM?«-PHASE ist legendär. In dieser Zeit, mit drei bis fünf Jahren, fragt ein Kind seinen Eltern Löcher in den Bauch, um den Geheimnissen des Lebens, des Alltags und der ganzen Welt auf die Spur zu kommen. Wimmeln Sie Ihr Kind nicht als Quälgeist ab und sagen Sie nicht: »So eine dumme Frage!« Denn das macht ein Kind mundtot, verleidet ihm das Fragen und das Lernen. Besser für seine Entwicklung ist das Motto: »Wer nicht fragt, bleibt dumm!«

Bleiben Sie geduldig, wenn auf ein Warum das nächste folgt. Antworten Sie einfach! Erstens wird ein selbstbewusstes Kind vorher ohnehin keine Ruhe geben. Zweitens können Sie so Ihrem Kind ganz entscheidend dabei helfen, die Welt zu verstehen. Auf Wissen kann es neues Wissen aufbauen, weil es schon Anknüpfungspunkte hat.

Sollten Sie unsicher sein, wie die korrekte Antwort lautet, geben Sie das ruhig zu. Denn auch das muss der Nachwuchs lernen: dass Mama und Papa keine Allwissenden und nicht perfekt sind. Vielleicht forschen Sie ja gemeinsam im Lexikon oder im Internet nach der Lösung – dabei lernen Sie selbst auch noch dazu.

Woher der Strom komme, wollte der vierjährige Daniel wissen. Die Antwort lieferte er gleich mit: »Den macht der liebe Gott.« Nun glaubt seine Mutter zwar an den lieben Gott, aber so sei es nun doch nicht richtig, erklärte sie. Der Strom werde von Elektrizitätswerken erzeugt. Woraus, wollte Daniel wissen. Zum Beispiel aus der Energie von Talsperren-Wasser, erklärte seine Mutter. Woher das komme? Aus den Flüssen. Warum es die gebe? Die entstehen durch Regen. Und warum regnet es? Weil Wasser aus Talsperren und Meeren und Flüssen verdunstet und Wolken bildet. »Und warum ist das so?« »Das hat Gott gemacht.« Daniel frohlockte: »Habe ich doch gesagt: Der liebe Gott hat den Strom gemacht!«

KEINEN STEMPEL AUFDRÜCKEN

Das trifft mitten ins Herz

WENN EIN KIND IM GESPRÄCH besonders wütend und abwehrend reagiert, kann es sein, dass ihm gerade ein Verhalten oder eine Eigenschaft unterstellt wurde, in denen es sich nicht wiederfindet: »Du bist ängstlich« oder »Du bist halt unsportlich« oder »Du bist so gemein zu deinem Bruder!«.

Auf das Unterschieben solcher Charaktereigenschaften würden sicher auch Sie allergisch reagieren! Stellen Sie sich zum Beispiel mal vor, jemand beobachtete Sie und Ihr Kind beim eiligen morgendlichen Verlassen des Hauses und würde sagen: »Sie behandeln Ihr Kind aber sehr lieblos!« Dabei haben Sie es nur ausnahmsweise etwas ruppig zur Eile angehalten, damit es noch pünktlich beim Kindergarten ankommt.

Unterstellungen, ganz besonders wenn sie Wesenszüge betreffen, empfindet das Gegenüber als Angriff auf sein Ich. Deshalb verletzen sie und machen aggressiv. Statt etwas zu unterstellen (siehe auch Seite 15), sollten Sie höchstens Ihre Beobachtungen und persönlichen Eindrücke kundtun. Zum Beispiel so: »Das sieht für den Lehrer aus, als wärst du faul, wenn du nur das Rechenergebnis ohne Aufgabe ins Heft schreibst.« Oder: »Ich kenne dich doch, du kannst am Tisch auch ohne Kippeln ganz ruhig auf dem Stuhl sitzen«

Die Mutter des siebenjährigen Dennis gestand mir einmal: »Ich habe früher oft zu ihm gesagt: ›Du bist vielleicht doof!‹ Das war wohl nicht so gut.« – Stimmt, denn nichts ist für ein Kind schlimmer, als zu denken, dass seine Eltern nichts von ihm halten. Kinder verinnerlichen negative Unterstellungen sehr schnell und glauben dann, tatsächlich »eine Macke zu haben«.

Auch positive charakterliche Unterstellungen entfernen Ihr Kind von sich selbst: Wenn Sie es mit dem Satz »Du bist ja so hilfsbereit« loben, weil es gerade mal eine Kaffeetasse weggetragen hat, tun Sie ihm keinen Gefallen. Sagen Sie lieber, was Ihnen an seinem Verhalten konkret gefällt: »Das finde ich schön, dass du die Tasse abgeräumt hast.«

Damit Ihr Kind sich zu einer starken, selbstbewussten Persönlichkeit entwickelt, benötigt es Zutrauen zu sich selbst und zu seinen Fähigkeiten. Es ist schön, wenn Sie es unterstützen, indem Sie es realistisch einschätzen.

Nico beschwerte sich bei mir über den Grundschulpraktikanten Felix: »Der hat zu mir gesagt: ›Warum bist du so aggressiv?‹ Seit der Felix da ist, sagt der immer, ich bin aggressiv!« Das empfand der Achtjährige als zutiefst ungerecht, während er sachbezogene Kritik seiner Lehrerinnen, die er öfter einstecken musste, so gut akzeptierte, dass er mir davon noch nie extra erzählt hat.

DIE WAHRHEIT ERFORSCHEN

Der Schein trügt bisweilen

EIN SPIELZEUG IST ZERBROCHEN, eine Freundin ist in Tränen aufgelöst, im Schulranzen fehlen Stifte: Dies sind Alltagssituationen, in denen die Gefahr groß ist, dem Kind etwas zu unterstellen (siehe Seite 15).

»Was hast du da nur wieder gemacht!« oder »Hast du wieder was verschlampt?«, so kommt es manchmal allzu schnell über Elternlippen. Solche Sätze stecken das Kind gleich in eine Schublade – und nutzen zudem gar nichts, denn: Passiert ist passiert. Viel besser ist es, die Wahrheit fragend zu erforschen. Zumal die elterliche Vermutung keineswegs den Tatsachen entsprechen muss. Wenn Mama in sachlichem Tonfall fragt »Wieso ist das Püppchen kaputt?«, erfährt sie vielleicht, dass Oma aus Versehen darauf getreten ist. Die fehlenden Stifte sind womöglich gar nicht verloren, sondern verliehen.

Bei nicht so leicht zu erkennenden Sachverhalten, die sich in Ärger, Streit, Tränen oder beleidigtem Schweigen äußern, können konkrete »Angebotsfragen« helfen, der Wahrheit auf die Spur zu kommen: Hören Sie auf eine Frage wie »Warum feuerst du die Legosteine durch die Gegend?« nichts oder bekommen Sie nur ein »Keine Ahnung!« zur Antwort, können Sie anbietend nachhaken: »Bist du sauer, weil du nicht schwimmen gehen durftest?« Vielleicht schreit sich Ihr Kind dann mit einem »Jaa« erleichtert seinen Frust von der Seele. Oder es stellt sich etwas ganz anderes als Auslöser heraus, zum Beispiel, dass Sie ohne es zu wollen eine ungeschickte Bemerkung gemacht haben, die Ihr Kind verletzt hat.

ICH-BOTSCHAFTEN SENDEN

Eine Chance, das Du besser zu erreichen

ALLE ELTERN KENNEN DAS: Man ist sauer auf den Nachwuchs, weil er widerspenstig reagiert oder etwas angestellt hat. Schon fegt eine gefühlsgeladene Lawine über den Sprössling hinweg: »Du hast …« und »Du bist …«. Dabei ist die Gefahr verletzender Unterstellungen groß (siehe Seite 15 und 18).

Entschärfen Sie die Konfrontation, indem Sie statt Du-Botschaften lieber Ich-Botschaften formulieren. Ebenso sollten Sie Abstand von Verallgemeinerungen nehmen wie »Immer sagst du …« und »Nie tust du …«. Sprechen Sie stattdessen von sich selbst: »Ich kann mir vorstellen, dass du Angst hast« oder »Das beschäftigt mich sehr, weil ich das Gefühl habe, dass du deine Schwester anlügst«.

Mit solchen Ich-Botschaften stülpen Sie Ihrem Kind nichts über. Sie stellen Ihre Gedanken so in den Raum, dass es dazu gleichberechtigt Stellung beziehen kann. Es fühlt sich dann nicht »von oben herab« abgekanzelt, sondern ernst genommen. Das ist in jedem Gespräch, nicht nur mit Kindern, die Basis, um eine Sache auf konstruktive Weise zu diskutieren und eine für alle gute Lösung zu finden.

IRONIE KINDERSICHER MACHEN

Bitte nach Gebrauch enttarnen!

VIELE ERWACHSENE benutzen gern das sprachliche Stilmittel der Ironie. Doch Kinder verstehen diese nicht, denn sie nehmen jedes Wort für bare Münze. Dass eine Person etwas sagt, was sie gar nicht meint, ja, dass sie sogar das Gegenteil von dem meint, was sie sagt – das geht noch über den Horizont der kleinen Menschen.

Sagt Papa mit Blick in den Kochtopf »Oh, das ist ja mein Leibgericht«, kann selbst einem Erwachsenen nur die übertriebene Betonung oder Insiderwissen verraten, dass es ihm in Wahrheit nicht schmeckt. Fragt ein Kind spätabends »Gehen wir in den Park?« und erhält als Antwort ein ironisches »Natürlich gehen wir um die Uhrzeit noch los«, denkt es »Oh fein!« und zieht gleich mal seine Schuhe an. Erst wenn es freudig losstürmt, wird der Trugschluss entlarvt – und Ärger ist sicher.

Ironie ist ein feinsinniges, interessantes »Gewürz« der Kommunikation. Auch Kinder haben ihren Spaß daran, wenn sie es einmal begriffen haben. Am Anfang müssen Sie aber noch jedes Mal die »Auflösung« mitliefern. Setzen Sie nach einer kleinen Pause hinzu: »Das habe ich ironisch gesagt. In Wirklichkeit meine ich …« Das kennt Ihr Kind vom Aprilscherz, der sich mit »April, April!« als Unwahrheit entpuppt.

Das Tückische an ironischen Bemerkungen ist: Jeder spürt zwar intuitiv, dass an dem Gehörten etwas nicht stimmt – allerdings hat ein Kind meist keine Ahnung, was es ist, und das verunsichert, macht klein, gibt das Gefühl, dumm zu sein. Verschonen Sie Ihr Kind davon, indem Sie Ironie sein lassen oder postwendend erklären.

Irgendwann können Sie sicher gemeinsam mit Ihrem kleinen Sprachkünstler über ironische Bemerkungen lachen und neue ironische Sätze finden wie »Eis mag ich ja wirklich gar nicht!«.

SPIELERISCH FÖRDERN 2

DAS ICH STÄRKEN

Ein starkes Ich ist die wichtigste Voraussetzung, um in der Welt zurechtzukommen. Geben Sie Ihrem Nachwuchs von Anfang an die Chance, seine Kräfte und Fähigkeiten zu erproben und Situationen selbst zu meistern: auf den Stuhl klettern, sich mit Gleichaltrigen streiten, die Salatsoße allein anrühren, beim Schultheater mitspielen, eine Radtour durch den Park machen. Natürlich lassen Sie Ihr Kind nicht sehenden Auges in Gefahr geraten, doch halten Sie es aus, wenn es durch falsches Einschätzen einer Lage harmloses »Lehrgeld« bezahlt. Besser in jungen Jahren bei kleinen Dingen als später bei großen! Jede Situation, die Ihr Kind bewältigt, stärkt sein Ich ungemein.

NUR SELTEN LAUT WERDEN

Der Ton macht die Musik

WENN DER FILIUS die Ohren auf Durchzug stellt oder die kleine Prinzessin krakeelt, flippen Eltern schon mal aus: Sie werden laut. Ihre Wut oder Hilflosigkeit macht sich mit hoher Dezibelzahl Luft. Das ist verständlich. Allerdings ist es nur dann effektiv, wenn es Seltenheitswert hat. Ein kurzer Brüller, ab und zu losgelassen, kann den Nachwuchs aus seiner aktuellen Haltung reißen und ihm signalisieren: Genug! Zu weit gegangen! Solche Lautstärke-Ausreißer sind wirkungsvoll, um sodann das elterliche Anliegen in normaler Lautstärke vorzutragen und durchzusetzen.

Sehr ungünstig ist es dagegen, wenn Eltern ihr Kind häufig anbrüllen. Dann gewöhnt es sich an den höheren Lautstärkepegel, wie der Anwohner einer befahrenen Straße irgendwann den Autolärm nicht mehr hört. So erreichen diese Eltern mit ihrer erhöhten Lautstärke nichts mehr, sie vergiften lediglich die Atmosphäre. Anfangs wird das Kind zwar noch jedes Mal zusammenzucken, doch schließlich wird es sich entweder verängstigt und resigniert oder trotzig in sich zurückziehen. Denn es fühlt sich angegriffen und klein gemacht von den Worten, die da in großer Lautstärke auf seine Ohren einprasseln. »Wieso sieht das hier so aus? Das ist ja unmöglich! Komm sofort hierher, aber zack, zack!« Unter einem solchen Worthagel geht ein Kind automatisch in Verteidigungsstellung oder stellt seine Ohren schützend auf Durchzug. Beides macht ein partnerschaftliches Gespräch und die Suche nach Lösungen schwierig.

Aussichtsreicher ist es, Ruhe zu bewahren (siehe Seite 167), auch wenn Ihnen etwas extrem gegen den Strich geht!

Bedenken Sie außerdem, dass Mama und Papa Vorbilder für ihr Kind sind. Gehört für sie das Brüllen zum alltäglichen Umgangston in der Familie, färbt das unweigerlich auf Lisa oder Leon ab.

Es ist einen Versuch wert, in kritischen Situationen nicht laut, sondern leise zu werden: Senken Sie Ihre Stimme und sagen Sie Ihrem Kind konkret und ganz langsam, was es tun oder lassen soll. Gerade in einer aufgeladenen Situation verblüfft eine leise, ruhige Stimme. Der kleine Tunichtgut merkt auf und lernt bei Wiederholung: »Sobald Mama oder Papa so mit mir spricht, ist es ernst!«

SCHÖNE STIMME

»Hol sie mal raus!«

ZIMMERLAUTSTÄRKE einzuhalten ist für kleine Zweibeiner eine Herausforderung. Gerade »im Verbund« drehen Kinder auf. Sie wenden sich in hoher Lautstärke auch gern an ihre Eltern, um einen Wunsch oder eine Frage zu äußern, sich über ein anderes Kind zu beschweren oder etwas zu erzählen. Die Stimme droht sich manchmal zu überschlagen. Schön, wenn das erwachsene Gegenüber gelassen bleibt, den Inhalt des Wortschwalls zunächst ignoriert und stattdessen fordert: »Bitte hol mal deine schöne Stimme raus. Dann kann ich dich auch verstehen.« Das zeigt dem Kind, dass Gebrüll es nicht zum Ziel bringt. Zugleich begreift es, dass der Erwachsene ihm durchaus zutraut, es besser zu machen.

FLÜSTERSTIMME BESCHWÖREN

Wenn's leiser werden soll

KINDER SIND KEINE LEISETRETER. Schlagen die Phon-Wellen hoch, lässt sich mit dem Beschwören der »Flüsterstimme« wohltuende Ruhe einläuten. Flüstern, das weiß jedes Kind, geschieht mit gebremster Stimme. Dagegen verpufft die Anweisung »Sei leise« oft, weil das Kind von »leise« eine andere Vorstellung als seine Eltern hat. So war ich als Kind empört, wenn meine Eltern forderten, meine Musik leiser zu drehen, da ich sie bereits als viel zu leise empfand!

»Jetzt reden wir drei Minuten lang mit Flüsterstimme«, raunen Sie beim Aufräumen, »mal sehen, wer das schafft!« Das klappt auch beim Basteln, im Auto, im Restaurant. Die kurze Flüsterphase erfolgreich zu meistern macht stolz und motiviert für Wiederholungen.

HILFSMITTEL »GERÄUSCH-DINO«

Ein scheuer Fantasiegenosse

DER »GERÄUSCH-DINO«, so sollten Sie Ihrem Kind geheimnisvoll versichern, ist ein liebenswertes und scheues Wesen. Da er zudem neugierig ist und Kinder sehr mag, will er sich ihnen gern zeigen. Doch leider, leider: Krach macht ihm Angst! Auf laute Geräusche reagiert er allergisch, weshalb er nur höchst selten zu sehen ist. Mein Freund Bodo hat nach dem Fantasiewesen gemeinsam mit seinem Enkel, für den er es erschaffen hat, immer wieder Ausschau gehalten. Und manchmal meinte der fünfjährige Nils, er habe tatsächlich einen Zipfel des Dinosauriers erspäht!

BELEIDIGUNGEN SCHADEN

… außer dem Gegenüber auch den Eltern

JEDES KIND BELEIDIGT mal jemanden. Ihm sollte aber klar sein, dass dies gegen die Prinzipien seiner Eltern verstößt und keinesfalls einfach »durchgewunken« wird. Beleidigungen verletzen das Gegenüber. Sie sind inakzeptabel, und das schon bei den Kleinsten. Erklären Sie Ihrem Kind dies und erwirken Sie, dass es sich gegebenenfalls entschuldigt. Tut es das nicht, sollte es negative Konsequenzen zu spüren bekommen, etwa indem Sie (oder die beleidigte Person) deutlich zu ihm auf Distanz gehen.

Bei einem Kind im Schulalter können Sie die Einsicht noch mit einem Kniff fördern: Sagen Sie ihm, dass Beschimpfungen und unwirsches Verhalten nicht nur das Gegenüber beleidigen, sondern immer auch Sie als Eltern. »Die Leute denken dann, wir hätten dir mit dem Sprechen auch das Beschimpfen beigebracht! Immer wenn du andere beleidigst, beleidigst du damit also auch uns.«

Studien haben gezeigt, dass diese Botschaft wirkt, weil ihre Logik für Kinder plausibel und gut nachvollziehbar ist. Die Eltern beleidigen, das will selbst ein rauer Geselle nicht. Mit ihnen will sich jedes Kind tief in seinem Herzen gut stellen – ein archaisches Prinzip, das das Überleben sichert.

Dieser Kniff lässt sich übrigens auch auf Prügeleien, schlechte Tischmanieren, Unehrlichkeit, dauerndes Zuspätkommen und ähnlich unerwünschtes Verhalten anwenden.

Jannis war auf Oma sauer, weil sie ihm etwas verboten hatte. Am liebsten hätte der Erstklässler »Blöde Kuh« geschrien – doch instinktv wusste er, dass das nicht in Frage kam. Die Oma darf man nicht beschimpfen. So machte er seiner Wut heimlich in Buchstaben Luft. Als Oma ihm über die Schulter spähte, las sie in ungelenker Schrift: »Plöda«.

(SCHIMPF-)WÖRTER ERKLÄREN

Das führt zu Erkenntnis

KINDER LERNEN vom Hören und Sehen, sie kopieren und imitieren. So funktioniert Lernen. Dabei benutzen sie Worte nicht immer ihrem Sinn entsprechend, manchmal haben sie sogar keinen Schimmer, was sie bedeuten. Oder andersherum: Eltern verstehen einen Begriff nicht, der für ihren kleinen Liebling glasklar ist. So träumte zum Beispiel der kleine Achim davon, »Operierwagenfahrer« zu werden, was seine Eltern durch geduldiges Nachfragen als Mix aus Elektriker, Schreiner und Installateur entschlüsselten, der alles »operiert«, was im Haus kaputt geht. Fragen Sie also nach!

Besonders Schimpfwörter benutzt ein Kind oft, ohne ihre Bedeutung zu kennen. Anhand von Klang und Reaktionen reimt es sich etwas zusammen und wendet »Schwuli«, »Ficker«, »Spast« oder »Loser« entsprechend an. Haken Sie doch mal nach: »Was bedeutet das? Erklär mir mal das Wort!« Stimmt die Erklärung, kann sich ein Gespräch darüber anschließen, wie die Person sich fühlen mag, der dies an den Kopf geworfen wird. Oder wie sich Ihr Kind fühlen würde, wenn jemand es so beschimpfte.

Wenn der Wicht den Begriff jedoch offenbar falsch gedeutet hat, klären Sie ihn über die korrekte Bedeutung auf – und schließen Sie das auf Seite 25 beschriebene Gespräch ebenfalls an. Verkneifen Sie sich auf jeden Fall das Lachen, falls Ihr Sprössling mit seiner Erklärung mal so danebenliegt wie im folgenden Beispiel! Denn dann würde sich Ihr Kind wahrscheinlich ausgelacht und seinerseits verletzt fühlen.

Astrid, die für Schüler naturnahe Freizeitangebote durchführt, schnappte bei einer Jungengruppe den Ruf »Ein Spast!« auf. Beleidigungen, die sich auf Menschen mit Behinderungen beziehen, findet sie besonders fies, und so hakte sie sofort nach: »Was ist denn ein Spast?« Die prompte Antwort: »Das ist doch so ein kleiner Vogel!«

»WAS HABE ICH GESAGT?«

So werden Anweisungen leichter akzeptiert

EIN KLASSIKER DER ERZIEHUNG ist der Satz »Was habe ich eben gesagt?«. Er ist aktuell wie eh und je und kann zum Beispiel gezückt werden, wenn Sie Ihre Tochter angewiesen haben, die Hände vom Plätzchenteig zu lassen, sie aber doch davon nascht. Die Frage ist aus zwei Gründen ein geschickter sprachlicher Kunstgriff: Erstens können Sie mit ihrer Hilfe überprüfen, ob Ihr Kind Ihre Botschaft überhaupt korrekt verstanden hat. Womöglich guckt es verständnislos und antwortet: »Äh – weiß ich nicht«, weil es mit den Gedanken gerade ganz woanders war und Ihre Anweisung überhört hat oder weil es sich mangels Blickkontakt nicht angesprochen fühlte.

Der Clou bei diesem Kniff aber ist zweitens, dass das Kind Ihre Worte – sofern es sie bewusst »überhört« hat – nun mit eigenen Worten wiederholen muss. Damit kommt die Anweisung nicht mehr aus Ihrem, sondern aus seinem eigenen Mund. Und wer kann dem, was er selbst sagt, zuwiderhandeln? »Ich soll die Finger vom Teig lassen«, wird die Tochter seufzen und sich versöhnlicher von der Schüssel trennen, als wenn Sie »Ich habe doch gesagt: Finger weg!« insistiert hätten. Das würde Quengeln ermöglichen, wogegen sich gegen den Satz aus eigenem Mund kaum quengeln lässt.

FREMDES MACHT FREI

Um den eigenen Horizont zu erweitern und ohne Angst anderswo zurechtzukommen, sollte jedes Kind den Blick öfter mal über den eigenen Tellerrand hinaus in fremde Kulturen und Regionen weiten dürfen. Dies bringt ihm Andersartiges nahe. Wer Fremdes vehement ablehnt, hat meist nur Angst vor dem Unbekannten. Macht jemand sich mit dem Andersartigen vertraut, verfliegt dieses ungute Gefühl in der Regel, denn was vertraut ist, macht keine Angst (es sei denn, es ist eine berechtigte Furcht vor Gefahren). Das macht unabhängig und frei – und meist auch tolerant und aufgeschlossen.
Mit Menschen anderer Nationen geht Ihr Nachwuchs wahrscheinlich spätestens im Kindergarten oder in der Schule auf Tuchfühlung. Auch Besuche von japanischem Garten, indischem Restaurant und italienischem Fest oder das Einkaufen im afrikanischen Gemüseladen schlagen Brücken in andere Kulturen. Was Sie Ihrem Kind selbstverständlich vorstellen, wird es offen begrüßen. Laden Sie deshalb die türkische Klassenkameradin, den marokkanischen Sportskameraden Ihres Kindes mal zu sich nach Hause ein – vielleicht folgt eine Gegeneinladung, bei der Ihr Kind noch mehr über fremde Gebräuche, aber auch Gemeinsamkeiten mit Menschen einer anderen Kultur erfährt.
Besonders eindrucksvoll sind natürlich Reisen in andere Länder: Es ist eine elementare Erfahrung für ein Kind, zu erleben, dass man an einem Ort, an dem Menschen anders sprechen und kochen, genauso satt wird, schläft, lacht und nette Menschen trifft wie zu Hause. Am besten ist es, wenn Eltern solch einen Urlaub nicht perfekt durchorganisieren, sondern zumindest das eine oder andere Gasthaus und Quartier spontan vor Ort aufsuchen. Auf diese Weise lernt das Kind noch etwas anderes: Überall kann man überleben, überall gibt es menschliche Hilfe. Läuft mal nicht alles glatt, erfährt ein Kind gerade dann, dass sich am Ende überall klarkommen lässt. Es spürt: Wo ich stehe, ist die Welt oben. Das fördert das Vertrauen in sich selbst und später den Mut, sich in unserer immer näher »zusammenrückenden« Welt frei zu bewegen.

EIN GESCHWISTERCHEN!

Konkrete Ankündigung beugt Eifersucht vor

FÜR DIE ELTERN ist es meist eine tolle Nachricht: »Wir bekommen wieder Nachwuchs!« Dass dem ersten Kind davon frühestens nach dem dritten Schwangerschaftsmonat erzählt wird, wenn die Wahrscheinlichkeit einer Fehlgeburt bereits stark gesunken ist, sollte logisch sein. Weniger Gedanken machen sich Erwachsene dagegen oft über all die freudigen Ankündigungen und Verheißungen, die das erstgeborene Kind zu hören bekommt. Die schüren nämlich nicht nur Vorfreude, sondern manchmal auch Ängste. Lassen Sie Sätze wie »Wenn das Geschwisterchen erst da ist, ist für dich die schöne Zeit vorbei«. Vermeiden Sie es auch, den Eindruck zu erwecken, es reife da ein Rivale um die Gunst der Eltern heran.

Der »Trick«, das Baby als tollen Spielkameraden in spe anzupreisen, ist bei Eltern beliebt, aber er ist unbedacht. Er produziert lediglich Enttäuschung, weil das kleine Bündel, das da in der Wiege liegt, noch monatelang nicht zum Spielen taugt. Es antwortet ja nicht einmal! Das Geschwisterchen hält also nicht, was versprochen wurde. Eine Mogelpackung! Manche Kinder beziehen es auch auf sich, wenn das neue Geschwisterchen nicht so reagiert, wie sie es sich wünschen oder wie es von den Erwachsenen vor der Geburt vorgegaukelt wurde. Ein Kind bekommt dann schnell das Gefühl, dass es mit dem Baby nicht umgehen kann.

Kündigen Sie deshalb ein »neues Baby« auf möglichst realistische Weise an: als ein Wesen, auf das Sie sich freuen und das zunächst zwar nur isst, schläft und gurrt, aber bei liebevoller Behandlung zu einem prima Spielkameraden heranwachsen kann. Bei alldem, so lassen Sie verlauten, darf die oder der Große Mama und Papa gerne helfen! Dieses Zutrauen macht stolz und schürt die Vorfreude auf das neue Familienmitglied.

Stella war im Kindergartenalter, als sie mir eines Tages in einem Buch ein Babyfoto zeigte und mit der Kennermiene einer Katalogbestellerin erklärte: »So eins müssen wir auch noch haben. Aber«, setzte sie forsch hinzu, »da müssen wir erst mal gucken, wo es das gibt.«

»GESCHENKTES KIND«

Wer will schon gern Stiefkind sein?

DIE ZAHL DER PATCHWORKFAMILIEN wächst. Neben diesem modernen Wort sind immer noch alte Begriffe gängig: Stiefmutter, Stiefvater, Stiefkind. Diese Wörter rufen Gedanken an arme Märchengestalten hervor. Bringt Ihr Partner ein Kind aus einer früheren Beziehung mit in die Familie, probieren Sie einen anderen Begriff, um verbal einen positiven Grundstein zu legen: Nennen Sie den Familienzuwachs ein »geschenktes Kind«. Das Wort »Geschenk« ist durch und durch sympathisch. Dies ist ein Schritt in die richtige Richtung – zu gegenseitiger Annahme, vielleicht sogar Liebe.

ELTERN EXTRA

Termine abgleichen

Es kommt in Familien ganz schön etwas an Terminen zusammen: das Kind zu den Vorsorgeuntersuchungen beim Kinderarzt begleiten, es zur gegebenen Zeit impfen lassen, zum Spielen zur Freundin fahren, zur **Turngruppe** bringen, zur Bücherei gehen, größere Schuhe und Winterjacke kaufen, beim Zahnarzt die Entwicklung der Zähne nachgucken lassen …
In vielen Familien fährt zu solchen Anlässen fast immer das **Mama-Taxi.** Damit auch der Papa nach Möglichkeit in den Familienalltag integriert wird und **auch mal allein** mit dem Kind Zeit verbringt, ist es hilfreich, wenn Eltern einmal pro Woche ihre Termine abgleichen. Das ist besonders wichtig, wenn beide Partner berufstätig sind. So kann geplant werden, wer welche Fahrt, welchen Einkauf und so weiter übernimmt. Regelmäßig wiederkehrende Termine des Kindes teilen sich Eltern idealerweise fest auf: »Ich fahre Lydia zum Tanzen, und du holst sie ab.« Mit diesem wöchentlichen **Kalender-Treff** – vielleicht am Sonntagabend, wenn die Woche vor der Familie liegt – lässt sich zudem vermeiden, dass wichtige Dinge übersehen oder Tage doppelt belegt werden: »Was? Da haben wir Theaterkarten? Das habe ich ganz vergessen!« Oder: »Samstag? Wollten wir da nicht alle zum Fußball?« Musik, Kerzen, Tee oder Wein dämpfen den Büro-Touch und unterstreichen stattdessen den **Zweisamkeitseffekt.**

KONSEQUENZ

Mitmachen, mithelfen, sich an Vereinbarungen halten: So erwirbt ein Kind soziale Kompetenz. Legen Sie für Ihre Familie sinnvolle Regeln fest, setzen Sie die Einhaltung dieser Regeln konsequent durch und seien Sie Ihrem Kind ein gutes Vorbild. Ein paar Tipps helfen, dies umzusetzen und so Ruhe und Klarheit in den Alltag zu bringen.

BEI ERSTEN MALEN ACHTGEBEN

Positive Verhaltensmuster schaffen

FÜR EIN BABY IST ALLES NEU. Aber auch für ein älteres Kind gibt es immer wieder Dinge und Situationen, die es noch nie gesehen oder erlebt hat. Darin liegen Chance und Fluch: Das erste Mal schafft Muster. Beispiel: Sie fahren zum ersten Mal nach München, treffen dort nette Leute bei schönem Wetter und behalten die Stadt in bester Erinnerung. Reisen Sie zur Rushhour im Regen an und streiten sich dabei mit Ihrem Partner, könnte Ihre Devise bald lauten: »München? Nie wieder!«

Wenn Sie Ihrem Kind schöne, beglückende Muster vermitteln, indem Sie dafür sorgen, dass es »erste Male« positiv abspeichert, vereinfacht das Ihr Familienleben. Die erste längere Urlaubsreise auf der Autobahn kann zum Horror werden, wenn Ihr Kind auf der Rückbank zwischen Gepäck »verstaut« wird und Sie den Ehrgeiz haben, ohne Pause durchzufahren. Viel eher werden sich alle auf die nächste Reise freuen, wenn Sie unterwegs ein paar autogeeignete Spiele machen und an der Raststätte eine ausgiebige Pause im Freien einlegen.

Positive Prägungen sind auch beim Essen besonders wichtig: Zwingen Sie Ihrem Kind nichts auf, sondern wecken Sie seine Neugier: »Ich weiß nicht, ob du dich das zu probieren traust, aber ich wäre auf deine Meinung gespannt.«

Möchten Sie Ihr Kind an Konzert oder Theater heranführen, treffen Sie vorab eine Auswahl. Beschäftigen Sie sich gemeinsam mit der Musik oder der Handlung. Dann wissen Sie, was Ihrem Kind am ehesten gefällt. Und zieht sich der Junior zum ersten Mal ganz allein an, zupfen Sie keinesfalls verbessernd an ihm herum, sondern loben Sie den neuen Schritt!

Ich wollte meiner Tochter erstmals aus der Kinderbibel vorlesen. Sie wählte die Geschichte von Jakob und Rebekka – wegen der hübschen Illustration. Als ich zur Stelle kam, an der Rebekka aufgrund der Heirat ihre Familie verlässt, begann meine Zweijährige bitterlich zu weinen. Mit dem Buch wollte sie ab sofort nichts mehr zu tun haben.

ANDERE FAMILIE, ANDERE REGELN

Geheimwaffe in Diskussionen

»JAN DARF viel länger aufbleiben« oder »Cara muss nie staubsaugen«: Anderswo ist es scheinbar viel besser. Wenn einem Kind etwas nicht passt oder es etwas erreichen will, findet es immer Beispiele, die seine Position untermauern. Gehen Eltern dem Sachverhalt auf den Grund, stellt er sich oft anders dar (Cara muss statt staubzusaugen nass wischen), aber selbst wenn es stimmt: Na und? Sollen andere leben, wie es ihnen gefällt. Sie selbst machen es so, wie Sie es für richtig halten. Das eine oder andere lässt sich mit dem Kind diskutieren, vor allem im Zuge des Älterwerdens. Doch jede Familie entwickelt eigene Regeln, und solang diese nicht unter der Regie der Eltern neu verhandelt wurden, gelten sie. Sagen Sie Ihrem Kind: »Andere Familie, andere Regeln.« Damit zeigen Sie Verständnis für sein Anliegen, bleiben aber bei Ihrer Linie. Der Satz ist ein Patentrezept: Es gibt kein vernünftiges Gegenargument.

BEI PRINZIPIEN BLEIBEN

Beugt mancher Bettelei vor

EIN CLEVERES KIND kann zu immer gleichen Themen immer gleiche Diskussionen entfachen: »Kann ich noch hierbleiben?«, »Kriege ich noch ein Eis?«, »Ich will noch aufbleiben!«. Eltern brauchen viel Geduld und Durchhaltevermögen, um immer gleiche Antworten zu geben. Es entlastet aber sehr, wenn ihr Kind weiß, dass bestimmte Regeln und Prinzipien unumstößlich gelten. Welche das sind, entscheidet jede Familie für sich: Um 20 Uhr ist das Licht aus, es gibt nur eine Kugel Eis, samstags wird der Hasenstall gesäubert. So kehrt in Bereichen, die Ihnen besonders wichtig sind, Ruhe ein.

Meine Tochter wusste als Kleinkind, dass es nur eine einzige Fahrt auf dem Kinderkarussell gab. Während andere Kinder nach der x-ten Runde weinend fortgezerrt wurden, ging sie mit mir nach einer Fahrt glücklich weiter. Genauso wusste sie in der Schulzeit, dass sie am Wochenende nur eine Nacht anderswo übernachten durfte – und regelte entsprechend ihre Verabredungen: »Dann musst du zu uns kommen«, hörte ich sie am Telefon sagen, »ich darf nur einmal am Wochenende bei einer Freundin schlafen.«

»ICH ZÄHLE BIS DREI«

Das kitzelt den Ehrgeiz

DIE ANKÜNDIGUNG »Ich zähle bis drei« ist ein Klassiker, wenn es darum geht, dass ein Kind etwas wegräumen, ein Spiel beenden oder vielleicht ins Bett hopsen soll, aber sich dabei zu viel Zeit lässt.

An den mal ernst, mal herausfordernd-sportlich gesprochenen Satz muss sich flott der Ausruf »Eins!« anschließen. Es folgen »Zwei!« und »Drei!«, je nach Situation auch als »Zweiii!« und »Drrrei!« und mit jeweils etwas Abstand gesprochen. Sehen Sie, dass sich Ihr Kind anstrengt, aber tatsächlich länger braucht, können Sie nach »Zwei!« noch ein »Und die letzte Zahl heiiißt ...« einfügen. Es geht nicht darum, Ihr Kind zu stressen und zu übertölpeln, sondern darum, ihm das Erfolgserlebnis zu verschaffen, bei drei fertig zu sein. Gelingt ihm das, wird es immer wieder gern auf »Ich zähle bis drei!« anspringen, vor allem wenn es sich auf Ihr Lob freuen kann. Dass der Satz zieht, liegt wohl am kindlichen Faible für Wettstreit und Spiel. Das kitzelt den Ehrgeiz. War das Wegräumen der Autos vom Esstisch eben noch eine uninteressante Sache, wird ein spannendes Spiel daraus, wenn Papa ankündigt: »Bei drei sind die Autos in ihrer Garage! Eins ...«

Dauert das, was Sie von Ihrem Kind verlangen, etwas länger (zum Beispiel das Wegräumen von Schuhen und Jacken), empfiehlt sich der Countdown: Sie beginnen bei zehn oder zwanzig und zählen rückwärts, bei null muss Ihr Kind fertig sein. Auch hier ans Lob fürs erreichte Ziel denken!

ACHTSAMKEIT EINFORDERN

Für Schaden heißt es geradestehen

DER SPIELRAUM eines Kindes endet da, wo es Menschen oder Sachen schadet. Wenn es Sie vors Schienbein tritt, zeigen Sie ihm in Mimik und Sprache, dass Sie sauer sind. Distanzieren Sie sich vom kleinen Raubein in Worten (»Das verbitte ich mir!«) und Taten (weggehen, wegschicken). Kämpft Ihr Kind mit einem anderen, vergewissern Sie sich: »Ist das Spaß oder Ernst?« Bestätigen beide Ersteres, lassen Sie die zwei in Ruhe. Im andern Fall weisen Sie das übergriffige Kind in seine Schranken oder bringen es notfalls am Schlafittchen auf Abstand.

Lehren Sie den achtsamen Umgang auch mit Sachen. Hier gilt: Kaputt ist kaputt. Lassen Sie Äußerungen wie »Dann kaufen wir eben ein neues« – das überträgt Ihr Kind möglicherweise schnell von der Tasse auf Fensterscheiben oder Kleidungsstücke. Machen Sie ihm deutlich, dass es keine »Ersetz-Automatik« gibt. Die Lieblingstasse kann höchstens geklebt werden. Die Hose kriegt einen Flicken, oder Ihr Kind muss mit den übrigen Hosen auskommen. Hat es Ihren Lippenstift zertreten, beteiligen Sie es an den Kosten des neuen. Oft kann Einsatz einen Schaden lehrreich ausbügeln: Hat Ihr Kind Saft verschüttet, drücken Sie ihm einen Lappen in die Hand.

SPIELERISCH FÖRDERN 4

RABAUKENTUM KANALISIEREN

Manches Kind kämpft, rauft oder erprobt auf andere Art seine Kräfte. Gern wird gezeigt, wer der Überlegene ist – ein archaisches Prinzip. Dieses Gewaltpotenzial ist Teil jedes Kindes. Geben Sie Ihrem kleinen Kraftprotz die Chance, seine Energie sinnvoll einzusetzen: beim Zerreißen von Kartons fürs Altpapier, beim Rasenmähen oder Schleppen von Getränkeflaschen. Joggen oder schwimmen Sie gemeinsam oder melden Sie Ihr Kind im Verein an: für Fußball, Karate, Rudern, Boxen ...

WÜNSCHE PRÜFEN

Manchmal erledigen sie sich von selbst

»DAS WILL ICH AUCH!« Ein Kind ist oft Feuer und Flamme für etwas, das es sieht oder das Freunde haben. Das reicht vom Kartenspiel übers Trampolin zum Pferd. Abgesehen davon, dass »immer mehr« den Nachwuchs nicht glücklich machen würde, ist es auch nicht nötig. Denn viele Wünsche entpuppen sich als Strohfeuer, aus dem Augenblick oder einer Mode geboren. Ist das ersehnte Teil da, liegt es bald unbeachtet in der Ecke, mit dem erbettelten Hund geht bald Mama Gassi.

Als meine Tochter sich für eine Kuscheldecke ins Zeug legte und ich meinte, das sei doch ein prima Geburtstagswunsch, hieß es: »Nein, da wünsche ich mir lieber etwas anderes.« So trennt sich die Spreu vom Weizen. Flammt ein »Ich will das haben« auf, sollten Eltern es zunächst beim interessierten Zuhören und einem »Ich verstehe dich« belassen. Sie können auch nach den Gründen fragen. Aber ansonsten tun Sie am besten gar nichts und warten ab. Manch brennender Wunsch ist bald erloschen.

Bringt Ihr Kind einen Wunsch über längere Zeit immer wieder vor, diskutieren Sie gemeinsam Fragen wie die der Kosten, Risiken und Folgen seiner Erfüllung. Diesen Überblick hat ein Kind nicht. Gibt es einen machbaren größeren Herzenswunsch, ist es beglückend, ihn zu erfüllen – spätestens an Geburtstag oder Weihnachten. Damit werden diese Festtage zusätzlich geadelt.

Einräder waren total »in«, und Stella wollte auch eins. Sie bohrte immer wieder nach, bis ich meinte, sie könne es sich zum Geburtstag wünschen. »Das dauert ja noch so lange!«, stöhnte sie. Etwa neun Monate bis zum Winter, wo das Einradfahren nicht so viel Spaß macht. Also beschloss ich, zumal mir die sportliche Komponente gefiel, das Rad als außergewöhnlich üppiges Osterei ins Nest zu legen. Stella war selig. Sie beherrschte das Einrad im Nu und radelte sogar oft mit dem Schulranzen auf dem Rücken zur Bushaltestelle. Beglückt war dann auch ich, wenn ich ihr nachschaute.

WUNSCH ERFÜLLEN, WENN …

Die Gunst des Augenblicks nutzen

EIN KIND, DAS BEIM AUFTRAG »Räum bitte den Tisch ab« freudig »Ja, gern!« schmettert, gibt es selten. Folgt noch ein »… und denk dran, hinterher den Tisch abzuwischen und das Kaninchen zu füttern«, spitzt sich die Situation schnell zu. Ohne Protest werden solche Aufträge dagegen erledigt, wenn es gelingt, sie mit einem Alltagswunsch des Kindes zu koppeln: Machen Sie Ihr Anliegen zur Voraussetzung für seins. Möchte der Junior nach dem Abendessen noch zum Freund flitzen, erklären Sie grüblerisch: »Ich weiß nicht, ob das klappt, denn vorher müsstest du … erledigen« oder »Wenn du … vorm Abendessen schaffst, dann darfst du noch ein Stündchen zu Leo«. Auf der positiven Welle seiner Wunscherfüllung segelnd, akzeptiert Ihr Kind eher als sonst, was Sie von ihm wollen. Zudem erledigt es das Ungeliebte besonders flink. Doch praktizieren Sie dieses »Wenn du mir, dann ich dir« nicht zu oft. Sie trainieren sonst dem Kind eine Tauschmentalität an, der zweckfreies Wunscherfüllen und selbstloses Helfen fremd sind.

FÜRS GLÜCK KÄMPFEN

Für Herzenswünsche Einsatz zeigen

»WAS NICHTS KOSTET, IST NICHTS WERT«, sagt der Volksmund: Meist wird dasjenige mehr wertgeschätzt, wozu es einer (finanziellen) Anstrengung bedarf.

Nicht immer stimmt dies, doch in jedem Fall gilt: Was jemand durch Anstrengung erreicht, weiß er in der Regel mehr zu schätzen als das, was ihm in den Schoß fällt. Deshalb macht es auch nicht nachhaltig glücklich, wenn Wünsche umgehend erfüllt werden (siehe

Seite 36). Besser ist, wenn ein Kind lernt, seines eigenen Glückes Schmied zu werden, statt einfach passiv abzuwarten.

Das können Sie unterstützen, indem Sie Ihrem Sprössling häufig zeigen, wie er sich beteiligen oder wie er sein Ziel mit eigenem Einsatz verwirklichen kann: »Du möchtest heute Hanna einladen? Okay, das kannst du machen, wenn du vorher dein Zimmer aufräumst.« Oder: »Du willst eine Taschengelderhöhung? Darüber reden wir, wenn die Euros nicht mehr lose in deinem Zimmer herumfliegen.« Oder: »Das T-Shirt steht dir wirklich toll. Wenn du eine Hälfte von deinem Taschengeld bezahlst, übernehme ich die andere.« Auf diese Weise muss ein Kind sich gedulden oder engagieren, es muss Argumentieren und Dranbleiben üben. Neben der Freude über das erreichte Ziel steht dann der Stolz auf die gelungene Anstrengung.

SCHEITERN AUSHALTEN

Aus Erfahrung wird's Kind klug

SPÄTESTENS WENN EIN KIND in die Schule kommt, beginnt es sich von seinen Eltern bereits ein beträchtliches Stück abzunabeln. Mama und Papa sind jetzt nicht mehr allein die Helden seiner Welt, denn die Lehrerin kann ihnen in vielen Dingen das Wasser reichen. Der Nachwuchs merkt nun außerdem, dass seine Erzeuger fehlbar sind und er sich in manchen Dingen besser auskennt als sie. Zum Beispiel unterwegs in der Stadt: »Ich weiß, was der rote Punkt auf dem Briefkasten bedeutet, das haben wir in Sachkunde gemacht: Der Kasten wird sonntags geleert.«

Das erwachende Selbstbewusstsein führt dazu, dass sich ein Kind auch mal über- oder verschätzt. »Ich weiß schon, wie das geht!«, tönt es dann zum Beispiel selbstsicher, bis einige Zeit später vor dem Mechanismus des Klappstuhls kapituliert wird. Oder das Schulkind, das seine Hausaufgaben erst nach dem Schwimmen machen wollte, ist am Abend viel zu erschöpft und zu müde, um alles zu erledigen.

Als meine Tochter sieben Jahre alt war, dachte sie eines Tages, sie sei schon so groß, dass sie während meines Einkaufs allein zu Hause bleiben könne. Doch ich war kaum zehn Minuten weg, als mein Handy klingelte und sie fragte, wann ich endlich wieder da sei.

In solchen Fällen gilt: Schätzen Sie zunächst das »Schadensrisiko« für Ihr Kind ab. Hat es etwas Gefährliches vor, wo mehr als aufgeschlagene Knie drohen, verbieten Sie ihm das. Bei allem anderen sollten Sie ihm den Glauben an seine eigenen Kräfte lassen. Ein Kind sollte seine Ideen, Fähigkeiten und Kenntnisse anwenden dürfen, auch wenn Erwachsene meinen, es besser zu wissen, und denken »Das klappt ja nie«.

Versuch macht klug, und erstaunlicherweise klappt oft, was der kleine Mensch auf ungewöhnliche Art in Angriff nimmt. Schlägt die Sache fehl – egal. Mischen Sie sich nicht ein, beobachten Sie's gelassen aus der Ferne, auch wenn es schwerfällt. Lassen Sie den Sprössling ruhig einmal die Folgen seines Verhaltens erleben, er darf auch mal scheitern. Nur so kann er Erfahrung gewinnen und an seiner Selbsteinschätzung feilen. »Ich muss um 16 Uhr zu Hause sein, wenn ich meine Hausaufgaben schaffen will«, könnte etwa ein Schulkind sagen.

Meine Tochter musste sich jedenfalls noch eine Weile gedulden, bis ich vom Einkauf nach Hause kam. Ich versprach ihr am Telefon: »Wenn ich bezahlt habe, rufe ich dich an, dann kannst du ausrechnen, wann ich wieder da bin.«

Als Grundschüler wurde Andreas selten rechtzeitig mit den Hausaufgaben fertig, wenn die Familie etwas unternehmen wollte. Die Mutter wies dann den älteren Bruder an, den Rest schnell zu erledigen. Inzwischen ist Andreas 50 Jahre alt und lebt im Prinzip noch immer nach dem Muster seiner Kindheit: Er ist selbst nie regelmäßiger Arbeit nachgegangen, lieber »lässt« er arbeiten.

ANGEFANGENES BEENDEN

Durststrecken überwinden

BEGEISTERT BEGINNT LUCA mit dem Puzzle, doch nach der Hälfte lässt ihr Eifer nach, und bald gibt sie auf. Ähnlich ergeht es Marlon beim Malkurs: Erst geht er gern hin, dann stöhnt er eines Tages, er habe keine Lust mehr. Ist »der Lack ab« und geht es ans Durchhalten, Üben, Verkraften von Rückschlägen, wollen Kinder oft am liebsten kneifen.

Indem Eltern ihr Kind bei der Stange halten, packen sie ihm ein wichtiges Werkzeug in den Lebensrucksack. Angefangenes beenden lautet die Devise: Beim Wandern ans Ziel kommen, das gewebte Bild zu Papas Geburtstag fertigstellen, eine Runde Monopoly zu Ende spielen … Nach einer Durststrecke mit vielen Seufzern passiert oft das, was Bergwanderer kennen: Das Erreichen des Ziels entschädigt für alle Mühe. Wer am Gipfel ankommt, ist stolz auf sich. Liegt das letzte Puzzleteil an Ort und Stelle, ist die Textilarbeit gesäumt oder die Knobelaufgabe gelöst, wächst das Zutrauen in die eigenen Fähigkeiten. Zwischendurch können Eltern die Motivation ankurbeln und Durchhänger überbrücken: mit Zuspruch (»Ich weiß, du kannst das«), kleinen Tipps (»Ordne doch die Puzzleteile zuerst nach Farben«) oder etwas Unterstützung (»Darf ich ein paar Minuten mitpuzzeln?«).

Kurse und Vereinsmitgliedschaften eignen sich prima, um das Durchhaltevermögen zu trainieren. Hier und dort für ein paar Wochen reinschnuppern ist sinnlos, da ein Kind auch mal über das Anfängerniveau hinauskommen sollte, um in einem Bereich »Fachmann« zu werden. Vielleicht meldet sich ein Freund Ihres Kindes mit an, das beflügelt. Außerdem können Sie das Dranbleiben fördern, indem Sie für Anschauung sorgen, sodass Ihr Kind seine Betätigung in einem größeren Rahmen sieht: Mit dem Malkurs-Kind können Sie ein Maleratelier besuchen, mit dem »Gitarrenlehrling« ein Konzert, mit dem Besucher des Französischkurses ein französisches Restaurant.

Beim Testen von Vorlieben und Talenten ist allerdings wichtig, dass Ungeeignetes wieder über Bord geworfen werden darf. Zwang ist kontraproduktiv. Sprechen Sie über die Beweggründe eines gewünschten Abbruchs, zeigen Sie Interesse und Verständnis. Ermuntern Sie Ihr Kind dann entweder zum Weitermachen oder lassen es zu neuen Ufern ziehen: »Was gefällt dir am Malkurs nicht mehr? … Ah, dann beobachten wir das mal in den nächsten drei Monaten. Bleibt das deine Meinung, melde ich dich ab.« Vielleicht war Zoff mit einem anderen Kind der Grund und hat sich bis dahin längst erledigt.

Als Stella sechs war, hatte sie nach anderthalb Jahren keine Lust mehr aufs Tanztraining. War es Laune oder Ernst? Ich gaukelte ihr vor, sie solle wegen der Kündigungsfrist bis Jahresende weitermachen, dann könnte ich sie abmelden. Das Gespräch wiederholte sich mehrmals – bis Stella beim Stadtfest auf der Bühne mittanzen durfte. Ein Eis von der Tanzlehrerin und der Applaus motivierten sie derart, dass Aufhören kein Thema mehr war. Sie tanzt als Teenager noch heute.

ERPRESSUNG UNTERBINDEN

… und Versuche ins Leere laufen lassen

MANCHE KINDER ENTWICKELN nicht nur eine Masche, um ihre Interessen durchzusetzen (siehe Seite 59), sondern versuchen regelrecht, ihre Eltern zu erpressen. So ein Früchtchen droht etwa: »Komm sofort, sonst lass ich die Tasse fallen!« oder »Ich bringe das nur in den Keller, wenn ich danach fernsehen darf«. Da heißt es vor allem: Souverän bleiben. Lassen Sie sich nicht erpressen! Die Erziehung liegt in Ihren Händen. Oder wollen Sie sich von Ihrem Kind zu »folgsamen Eltern« erziehen lassen? Ein Kind, das mit Erpressung zum Ziel kommt, wird diese Methode zudem in seinem späteren Leben immer wieder anwenden.

Lassen Sie einen Erpressungsversuch ins Leere laufen, indem Sie ihm weder folgen noch ihn verbieten. Stattdessen zeigen Sie dem Kind die Konsequenzen auf: »Ich rate dir, die Tasse festzuhalten, sonst ziehe ich dir das Geld für eine neue vom Taschengeld ab.« Oder: »Weißt du, wie oft ich heute schon für dich gelaufen bin? Du bringst das sofort in den Keller. Sonst bringe ich dich morgen auch nicht zum Sport.« Ihr Tonfall und Ihre Mimik sollten dabei ausdrücken, dass es keinen Verhandlungsspielraum gibt. Bleiben Sie schnurgerade bei Ihrer Linie. Damit signalisieren Sie, dass Ihnen die Drohung Ihres Kindes schnuppe ist. Null Chance für den kleinen Erpresser, zum Ziel zu kommen. Er muss selbst entscheiden, ob er seine Drohung wahr macht und die Konsequenzen trägt oder ob er einlenkt.

Als Mareike bei ihrer Oma zu Besuch war und ihren Willen nicht bekam, schrie sie los. Weil Oma immer noch nicht sprang, drohte die Siebenjährige, sie werde noch lauter brüllen, sodass alle Leute drumherum es hören würden. Omas Nachbarin Brigitte, selbst Großmutter, bekam das Theater mit und stärkte der alten Dame den Rücken: »Sie werden sich doch nicht auf der Nase herumtanzen und erpressen lassen! Sagen Sie Ihrer Enkelin, Sie hätten mit den Nachbarn gesprochen und die seien einverstanden mit dem Gebrüll. Sie könne also ruhig weiterschreien.«

PAUSE VERORDNEN

Schafft wohltuende Distanz

DER KLEINE LIEBLING tickt aus, wütet oder quengelt? Warten Sie nicht, bis Ihr Geduldsfaden reißt, sondern schaffen Sie rechtzeitig Distanz zwischen sich und Ihrem Kind. Sagen Sie ihm in sachlichem, aber unmissverständlichem Ton: »Ich merke, du brauchst eine Pause.« Danach kommt die konkrete Anweisung: »Geh in dein Zimmer. Wenn du dich beruhigt hast, kannst du wiederkommen« oder »Zieh dich an und geh raus, bis du bessere Laune hast«.

Das Wort »Pause« erleichtert es dem Kind, der Anweisung zu folgen, denn es signalisiert erstens, dass es sich um eine vorübergehende, kurze Phase handelt – wie bei Schul- und Frühstückspause. Solche Pausen werden zudem meist als angenehm empfunden, weshalb der Begriff sogar verlockend klingt. Denn wer macht nicht gern mal Pause?

REGELMÄSSIGKEIT PFLEGEN

Erleichtert viele Alltagsabläufe

JE ÄLTER EIN KIND WIRD, desto mehr Dinge soll es selbst und von sich aus erledigen. Zuerst sind es Alltäglichkeiten wie Zähne putzen, Schuhe ausziehen oder die Tür hinter sich schließen. Später kommen wiederkehrende Aufgaben hinzu wie eine bestimmte Pflanze gießen oder den Hamsterkäfig säubern. An solche scheinbaren Selbstverständlichkeiten müssen Sie Ihr Kind immer wieder erinnern, sonst vergisst es Ungeliebtes, denn es selbst kommt gut ohne lästige Dinge wie »Handtuch wieder an den Haken hängen« aus. Eins kann die häuslichen Abläufe erleichtern: Regelmäßigkeit. Pflichten fallen leichter, wenn sie sich nach einem festen Schema wiederholen.

Das kann etwa heißen: Immer vor der Gutenachtgeschichte die Zähne putzen; dienstags nach der Schule die leere Mülltonne von der Straße mitbringen, montags Zimmer aufräumen. Je früher Sie solche Regelmäßigkeiten einführen, umso leichter fällt es Ihrem Kind, sie einzuhalten. Tut es dies mal nicht, haken Sie sofort nach: »Wo ist die Mülltonne? Vergessen? Dann dreh um und hole sie.« Ein tiefer Seufzer wird folgen, der an Ihnen abperlen sollte. Auch Ausreden gelten nicht, wie »Aber ich will doch zu Tanja!«. Verhandeln Sie nicht! Erledigt Ihr Kind seine regelmäßigen Aufgaben, trainiert es auch sein Gefühl für gute Zeitplanung.

GESCHWISTER GLEICH BEHANDELN

Individuell, aber ausgeglichen

WER ZWEI ODER MEHR KINDER HAT, sollte sie gerecht behandeln – jeweils dem Alter und den individuellen Bedürfnissen entsprechend. Wenn Max Eishockey liebt und Papa mit ihm ein Spiel besucht, hat es keinen Sinn, Bruder Jona mitzuschleppen, der diesen Sport doof findet. Zieht Papa öfter mit Max los, sollte er sich allerdings überlegen, was er als Ausgleich nur mit Jona machen könnte.

Natürlich fühlt sich jedes Geschwisterkind mal zurückgesetzt, das ist normal. Umso wichtiger ist es, unliebsame Maßnahmen zu erklären, die nur eines der Kinder betreffen. Lassen Sie auch das Vergleichen der Geschwister! »Wir hatten es so schön ruhig, als du nicht da warst«, rutschte es Biancas Mutter heraus, als ihr Wirbelwind vom Urlaub zurückkam und die Zeit nur mit der großen Schwester vorbei war. Auch wenn Sie sich für solche Ausrutscher entschuldigen: Wer weiß, ob nicht etwas hängen bleibt und das kindliche Selbstvertrauen und Ihre Beziehung zueinander belastet. Fatal fürs Selbstwertgefühl ist, wenn sich beim Kind das Grundgefühl entwickelt, dass Bruder oder Schwester bevorzugt wird: »Mama und Papa lieben mich weniger.«

Sagen Sie jedem Sprössling immer wieder, dass Sie ihn lieben (siehe Seite 62). Erwähnen Sie manchmal, dass es Ihnen wichtig ist, Ihre Kinder gleich zu behandeln. Zeigen Sie das in vielen Kleinigkeiten wie der Verteilung häuslicher Pflichten, der gerechten altersgemäßen Taschengeldhöhe, beim Kuscheln, Zuteilen von Süßem, Zuhören und Inschutznehmen bei Geschwisterzwist.

BILDSCHIRMZEIT BEGRENZEN

Schwierig, aber es lohnt sich

SOBALD EIN KIND mal in Kontakt mit Fernsehen und Computer gekommen ist, mag es davon meist nicht mehr lassen. Es ist magisch angezogen von den Apparaten, die auf Knopfdruck machen, was der kleine Benutzer will. Ein herrliches Gefühl! Gemütlich finden sie auch das schlappe Davorsitzen, das körperliche Anstrengung überflüssig macht. Zwar will sich ein Kind seiner ursprünglichen Natur nach bewegen, aber der Sog der Mattscheibe, auf der andere aktiv sind, ist gewaltig.

Verführerisch ist der Bildschirm aber auch für Eltern: Als »Babysitter« zum An- und Ausschalten ist er so bequem! Doch es hat einen sehr hohen Preis, den Nachwuchs auf diese Weise ruhigzustellen. Denn zum einen ist die Ruhe nur vordergründig, da sich durch das Gesehene und das Stillsitzen Aggressionen in dem kleinen Konsumenten anstauen, die er anschließend ablassen muss. Zum anderen haben zahlreiche wissenschaftliche Untersuchungen bewiesen, dass der übermäßige Konsum von Computer und Fernsehen Kindern schadet:

- Je später, desto besser: Je jünger ein Kind bei häufiger Nutzung neuer Medien ist, umso größer ist die Gefahr, dass es nach ihnen süchtig wird. Im Jahr 2011 waren bei den 12- bis 19-Jährigen drei bis sechs Prozent süchtig. Drei von vier Grundschülern surfen bereits regelmäßig im Netz, ab elf Jahren tun es praktisch alle.
- Vorsicht bei Gewaltdarstellungen! Eine Studie der Uni Hohenheim und der Leuphana-Uni Lüneburg zeigte, dass Computer- und Videospiele mit gewalttätigem Inhalt bei Kindern, die sich ohnehin öfter aggressiv verhalten, die Vorliebe für brutale Spiele häufig schüren. Während acht- bis zwölfjährige Spieler im realen Leben dadurch wohl nicht aggressiver werden, sind bei älteren negative Auswirkungen brutaler Bildschirmspiele aufs Verhalten belegt.
- Unter zwei Jahren null TV! Das empfiehlt die Amerikanische Akademie für Pädiatrie, die zum Thema 50 Studien analysierte. Ergebnis: Je jünger TV-Konsumenten sind, umso schlechter ist das Fernsehen für sie. Je länger ein Kleinkind fernsieht, desto kleiner sein Wortschatz. Fernsehen

verzögert die Sprachentwicklung, lässt Kinder schlecht schlafen und behindert die Kommunikation zwischen Eltern und Kind.

- Bildschirmzeit eingrenzen! Im Jahr 2005 untersuchte das Robert Koch-Institut 10.000 Kölner Schulanfänger. Ergebnis: Drei Stunden TV-Konsum pro Tag erhöhen die Sprachstörungs-Quote bei Schuleintritt um 50 Prozent. Bei über vier Stunden verdoppeln sich grobmotorische Auffälligkeiten und visuell-motorische Probleme, also vom Sehsinn gesteuerte Bereiche.

Eltern brauchen großes Durchhaltevermögen, um den TV- und PC-Konsum ihres Kindes einzuschränken. Je klarer hier die Regeln sind, desto einfacher ist ihre Durchsetzung. Das hilft:

- Seien Sie Vorbild! Wenn Sie selbst »aus Spaß« stundenlang vor Bildschirmen sitzen, wird Ihr Kind sich animiert fühlen, es Ihnen gleichzutun. Schalten Sie mal ab, lesen Sie vor, plaudern, spielen, backen, musizieren Sie mit Ihrem Kind. Das schließt den gemütlichen Fernsehabend nicht aus, sobald Ihr Kind schläft.
- Fördern Sie die Medienkompetenz Ihres Kindes! Befehle wie »Mach die Kiste aus!« bewirken keine Einsicht. Sprechen Sie über die sinnvolle Nutzung von TV und PC. Verteufeln Sie nichts, sondern reden Sie sachlich über Vor- und Nachteile. Der Nachwuchs soll schließlich später einmal selbst erkennen, wann es genug ist.
- Setzen Sie Grenzen von Anfang an! Die Faustregel eines Vereins für Mediennutzung: pro Tag zehn Minuten Bildschirmzeit pro Lebensalter (erst ab dem dritten Lebensjahr!). Am Wochenende, in den Ferien und ab 16 Jahren ist etwas großzügigere Mediennutzung möglich.
- Seien Sie offen für die Computerwelt! Da Ihr Schulkind wahrscheinlich in Sachen neue Medien besser informiert ist als Sie, gilt: Nutzen Sie die Chance, es in diesem Bereich als kompetent anzuerkennen und sich von ihm Finessen beibringen zu lassen.
- Zeigen Sie Interesse und helfen Sie bei der Auswahl! Besprechen Sie mit Ihrem Kind, welche TV-Sendungen und Websites geeignet sind. Am besten ist ein kindgerechtes Programm, das mit den Eltern gemeinsam geschaut und besprochen wird (selbst Fünfjährigen sollte man nie die Fernbedienung überlassen). Qualifizieren Sie PC-Spiele nicht in Bausch und Bogen ab, da Sie den kleinen Spieler sonst mit abqualifizieren. Beschreiben Sie eher Ihre Gefühle und Wahrnehmungen.
- Das Kind muss fragen! Für jedes Anschalten von PC und TV sollte der Nachwuchs eine Erlaubnis einholen. Natürlich kann es auch festgelegte Zeiten geben: »Während ich das Abendessen zubereite, darfst du fernsehen« oder »Wenn du von der Schule nach Hause kommst, darfst du eine Viertelstunde am PC spielen«.

- Werden Sie selbst Experte! Suchen Sie Antworten: Wie schütze ich mein Kind beim Surfen? Welche Kinderspiele sind geeignet? Welche Gefahren lauern im Chat? Mit welchem Kinderbrowser kann mein Kind gefahrlos surfen? Kompetenz bieten diverse Organisationen und Internetadressen (siehe Anhang Seite 189).
- Regen Sie Ihr Kind zu aktiver Freizeit an! So schaffen Sie ein Gegengewicht zur virtuellen Welt. Das freie Spiel und das Draußen-Herumstreifen, bei dem auf eigene Faust Erfahrungen gemacht und kreative Lösungen entwickelt werden, fördern nachhaltiger als jedes Lehrstück auf der Mattscheibe. Auch Vorlesen ist viel besser als Fernsehen.

SPIELERISCH FÖRDERN 5

MUSEUM KINDGERECHT

Im Museum lassen sich auf kleinem Raum faszinierende fremde Welten entdecken – bei jedem Wetter. Im Heimatmuseum stehen urige alte Traktoren, im Freilichtmuseum lässt sich dem Schmied bei der Arbeit zusehen, im Kunstmuseum kann man über sonderbare Bilder und Plastiken rätseln. In »Mitmach-Museen« wie dem Deutschen Museum in München lässt sich auf Knöpfe drücken, Experimente machen und vieles mehr. Zudem gibt es immer öfter Ausstellungen für Kinder. Wer mit dem Nachwuchs Museen besucht, ermöglicht ihm Blicke über den Tellerrand, die bilden und dabei viel Spaß machen. Wichtig beim Museumsbesuch mit Kind: Weniger ist mehr (siehe auch Seite 60). Schlagen Sie keine Wurzeln. Konzentrieren Sie sich auf einen Teil der Ausstellungsstücke, nämlich auf Objekte, die entweder sehr bedeutend oder für den Nachwuchs interessant sind. Oder lassen Sie Ihr Kind den Rhythmus vorgeben, indem Sie versprechen »Wir bleiben nur da stehen, wo du willst.« Fragen Sie nur ab und zu interessiert »Warum bleibst du hier stehen?« oder »Was findest du an dem Bild besonders toll?«. Gibt es Audio-Führer für Kinder, lohnt sich meist die Ausleihe. Hören Sie dann ruhig selbst mal rein!

BILDSCHIRMFREIER TAG

Gegen Abhängigkeit von der »Kiste«

WER OFT VOR FLIMMERKISTEN SITZT, hat schnell das Gefühl: »Ich kann nicht mehr ohne sie!« Das kennen Kinder wie Erwachsene. Gegensteuern können Sie bei Ihrem Kind frühzeitig mit einem einfachen Kniff: Führen Sie einen bildschirmfreien Tag ein! Am besten ist ein fester Wochentag, den Sie in Absprache mit Ihrem Kind auswählen. Rücken Sie anschließend bitte keinen Deut von dieser Vereinbarung ab! Auch nicht bei Argumenten wie »Aber ich habe ja gestern schon nichts am PC gemacht!«.

Vielleicht bietet sich ein Wochentag an, an dem zwischen Schule, Hausaufgaben und Klavierunterricht ohnehin nicht viel Zeit ist. Hat sich Ihr Kind einmal an den bildschirmfreien Tag gewöhnt, befreit Sie das von Bettelei und Diskussionen und zwingt den Nachwuchs, seine Zeit anders zu nutzen.

KOMBIPACK PC & BUCH

Günstiger Handel mit kleinen Lesemuffeln

HAT DER NACHWUCHS erst einmal den Computer als Medium entdeckt, wird nicht nur das Betteln nach mehr PC-Zeit zur alltäglichen Gewohnheit, sondern gleichzeitig sinkt leider meist die Lesebereitschaft und die Lust am Lesen. Gerade im Grundschulalter ist das fatal, da sich die Lesekompetenz gerade erst herausbildet. Sie ist wichtig für Textverständnis (auch am Computer) und Erlernen der Rechtschreibung.

Wird Ihnen die Drängelei nach mehr Computerzeit lästig, schlagen Sie dem Quälgeist einen lohnenden Handel vor: Erst wird gelesen, danach darf genauso lange am Computer gespielt werden. Speziell für Lesemuffel geeignet!

HILFSMITTEL »PC-TICKET«

Für flexible, aber begrenzte Nutzung

WER DIE COMPUTERZEIT seines Sprösslings beschränken und dennoch flexibel handhaben will, kann PC-Tickets einführen. Jedes PC-Ticket entspricht einer verabredeten Computer-Nutzungsdauer. Günstig sind Tickets à 15 oder 30 Minuten. Sie händigen dem Nachwuchs sein altersgerechtes Kontingent für eine Woche aus, und er kann die Tickets nach und nach bei Mama und Papa abgeben, um sie einzulösen. Wenn Sie sie aus Pappe selbst herstellen, hat das Ticketsystem eine individuelle Note, und das Kind identifiziert sich eher damit. Natürlich können Sie die Tickets auch gemeinsam am Computer entwerfen und ausdrucken.

Sinnvoll ist die ergänzende Regel, dass beispielsweise nur zwei Tickets pro Tag eingelöst werden dürfen, also nicht das ganze Wochenkontingent an zwei Tagen »verbraten« werden kann. Vielleicht sind am Wochenende auch drei Tickets erlaubt.

Sind die PC-Tickets verbraucht, muss Ihr Kind bis zur nächsten Ticketausgabe warten. Es sollte stes derselbe Wochentag sein, an dem Sie die PC-Tickets herausgeben, etwa der Montag oder Samstag. Auf diese Weise lernt Ihr Kind das Prinzip des Haushaltens – das kommt ihm nicht nur bei der Bildschirmzeit zugute, sondern auch beim Taschengeld oder bei Süßigkeiten.

Werden Sie nicht zwischendurch schwach, indem Sie zusätzliche Nutzungszeiten erlauben! Besser ist es, ein zusätzliches Ticket für besondere Leistungen zu überreichen.

Sitzt Ihr Sprössling nach abgelaufener Ticket-Zeit immer noch vor der Kiste? Sie haben bestimmt keine Lust, als Kontrolleur ständig auf der Lauer zu liegen. Deshalb machen Sie am besten von Anfang an klar, dass pro angebrochene Viertelstunde Überziehen bei der nächsten Ausgabe automatisch ein Ticket abgezogen wird.

Das Ticketsystem können Sie auch für andere Lebensbereiche einführen, die Sie rationieren möchten: Süßes, Schlafen bei Mama, länger aufbleiben … Aber Vorsicht: Zu viele Tickets machen das Leben übermäßig systematisch. Da gehen Leichtigkeit und Spontaneität verloren und das Gefühl, dass Mama und Papa mal »einfach so« was spendieren.

Elternrollen aufbrechen

Ohne dass Elternpaare jemals darüber sprechen, teilen sie sich bestimmte »Elternrollen« zu.
Zum Beispiel so: Mama ist **die Strenge,** die auf das Einhalten von Regeln pocht, die selten ein Eis spendiert, die Pflaster hütet, Hamburger-Filialen die Rote Karte zeigt und weiß, was beim Streit mit dem Nachbarskind zu tun ist. Außerdem ist sie empört, wenn das Kind eine schlechte Note aus der Schule mitbringt. Papa dagegen ist der, dessen flotter Fahrstil einen in den Autositz drückt, mit dem sich spontan Pizza holen lässt, der das Zähneputzen nicht so ernst nimmt und keine Ahnung hat, wo die Inlineskates sein könnten.
Papa ist öfter mal für **Unsinn** zu haben, und er erzählt auch gern von seinen eigenen schlechten Noten in seiner Schulzeit.
Eltern nehmen sich die Rollen, die zu ihnen passen (oder lassen sie sich manchmal auch zuteilen), doch anders als Schuhe lassen diese Rollen sich nur sehr schlecht wieder abstreifen. Meistens verfestigen sie sich sogar im Familiengefüge, weil das Kind auf diese Rollenverteilung vertraut. Es weiß blind, dass es zu Mama gehen muss, wenn es den **Lieblingspulli** aufspüren will, und dass es lohnenswerter ist, Papa nach einem **Eis** zu fragen.
Es belebt den Familienalltag, wenn Sie die in Ihrer Familie etablierte Rollenverteilung ab und zu bewusst aufbrechen. Wer sonst mit schwimmen geht, kann mal zu Hause bleiben und den Partner mitgehen lassen. Wer strenger ist, kann bewusst mal nachgeben und eine längere TV-Zeit genehmigen. Oder wer eher den Laisser-faire-Stil vertritt, kann mal den Zimmer-Kontrolleur mimen. Der Überraschungseffekt ist in jedem Fall garantiert!
»Geh du doch heute mal das Eis am Eiswagen holen«, sagte Neil eines Tages zu seiner Frau, »mach du doch mal das Schöne.«
Denn normalerweise ist er es, der die Spendierhosen trägt, und sie ist die Strengere, die selten Extras genehmigt.
Legen Sie die gewohnte Rolle bisweilen ab, denn das eröffnet Ihnen neue Perspektiven im Umgang mit Ihrem Kind und Ihrer Position in der Familie.
Und Ihr Kind wird Sie mit neuen Augen sehen, erkennend, dass Mama und Papa **mehr Facetten** haben, als der Alltag verrät.
Wie klar manche Rollen verteilt sind, zeigte die Bemerkung des sechsjährigen Simon im ersten Schuljahr: »Wenn mein Kind mich später mal fragt: ›Papa, wie geht Schreibschrift?‹, dann sage ich zu ihm: ›Frag die Mama!‹«

MITEINANDER

In der Familie lernt Ihr Kind, in einer Gemeinschaft mit anderen zusammenzuleben und seine eigene Position zu finden. Geben Sie ihm deshalb zu Hause gezielt Rückmeldungen auf sein Verhalten. So können Sie Ihrem Kind als Vorbilder, als Mutmacher, als gerechte und humorvolle Begleiter zur Seite stehen.

ELTERN SIND KEINE FREUNDE

… aber freundschaftlich im Umgang

ELTERN SPIELEN IN EINER ANDEREN LIGA als ein Kind, sie sind für es Helden, von denen es lernen will. Tun Sie Ihrem Sprössling den Gefallen: Nehmen Sie die Rolle an. Manche Eltern möchten lieber Freunde als Erzieher sein, scheuen Verbote und lassen ihr Kind nach seinem Gutdünken gewähren. Manche richten den gesamten Tagesablauf der Familie an den Wünschen des Nachwuchses aus. Während viele Eltern aufs Ausgehen verzichten müssen, weil sie keinen Babysitter haben, bleiben andere zu Hause, weil ihr Kind keine Lust hat, mit wegzugehen – und das ist bedenklich.

Gaukeln Sie Ihrem Sprössling nicht vor, Sie würden sich auf derselben Ebene bewegen, denn das macht fürs Kind die Beziehungsstruktur unklar. Auch für Sie ist es angenehmer, wenn Ihr Nachwuchs Sie als Erzieher anerkennt. So müssen Sie nicht alles fünfmal sagen, erhalten sich persönliche Freiräume und müssen nicht um Ihre teure Schminke oder die Musikanlage fürchten. Dem Kind zuhören, es ausreden lassen, trösten, an seinen Gedanken teilhaben: Solch freundschaftlicher Umgang ist dagegen bereichernd – auch außerhalb der Familie.

SPIELERISCH FÖRDERN 6

BESUCH AM ARBEITSPLATZ

Manches Schulkind weiß nicht, was Mama und Papa arbeiten. Nehmen Sie Ihres doch einfach mal mit! Jürgen erinnert sich, wie interessant es war, wenn sein Vater mit ihm samstags im Büro nach dem Rechten sah. Auch ich fand es toll, meinen Vater in die Firma zu begleiten. Ihr Kind wird sich in der Regel anpassen. Nur wenn es spürt, dass Sie zwischen ihm und Ihrer Aufgabe hin und her gerissen sind, wird es um Aufmerksamkeit heischen.

INTERESSE ZEIGEN

Der heiße Draht zum Nachwuchs

OB BEI EINER MAHLZEIT, bei einem gemeinsamen Spaziergang oder beim Zubettbringen: Es gibt täglich viele Gelegenheiten, sich mit dem Nachwuchs zu unterhalten. Doch sprechen Sie mit Ihrem Kind nicht nur über Ihren Beruf, die Hausaufgaben, Omas Besuch und das Rasenmähen. Reden Sie auch über das, was Ihr Kind bewegen könnte. Zeigen Sie Interesse an seiner Welt, bieten Sie ihm Anknüpfungspunkte. Dafür eignen sich am besten offene Fragen: »Hat dir in der Schule heute etwas besonders gefallen?« oder »Warum gehst du nachher eigentlich zur Lena zum Spielen statt wie sonst immer zur Anja?«

Eltern zeigen ihr Interesse am Kind aber nicht nur durch Fragen. Zuhören ist genauso wichtig, möglichst ohne Bewertung. Geben Sie also nicht zu allem Ihren Senf dazu. Erzählt Ihr Kind zum Beispiel, dass es mit Freunden auf einer Baustelle rumgeklettert ist, halten Sie ihm nicht gleich einen Vortrag, dass das verboten ist. Seien Sie froh, dass Ihr Kind Ihnen vertraut und auch solche Sachen erzählt. Lassen Sie es weiterplaudern – vielleicht ist es nur mitgegangen, um nicht als feige zu gelten? Sehnt es sich nach Abwechslung und Abenteuern? Hat es ein schlechtes Gewissen, oder geht es zu unbedarft mit Gefahren um? In solch offenen, vertrauensvollen Gesprächen lernen Sie Ihr Kind besser kennen und sehen es vielleicht mit ganz neuen Augen.

Erlebt Ihr Kind, dass es sich Ihnen mitteilen kann, ohne gleich bewertet zu werden, dass es sich bei Ihnen Luft machen und vielleicht auch mal sein Gewissen erleichtern kann, bleibt Ihr Draht heiß. Das ist eine hohe Qualität des Kontakts zwischen Eltern und Kind. Sie erfahren viel über Ihren Sprössling und können auf dieser Vertrauensbasis ab und zu bei bedeutenden Sachen Ihre Gedanken einfließen lassen: »Habt ihr euch überlegt, was ihr macht, wenn sich auf der Baustelle einer verletzt?«

Besonders gut für vertrauliche Unterhaltungen eignen sich übrigens Autofahrten oder Tätigkeiten, bei denen man nebeneinandersitzt, etwa Basteln: Man ist sich nahe, muss sich jedoch nicht in die Augen blicken. Diese Beiläufigkeit erleichtert es sehr, sensible Themen anzusprechen.

MIT KINDERAUGEN SEHEN

Erhöht das Verständnis und belebt

DIE DENKRASTER ERWACHSENER sind einem kleinen Kind fremd. Es entdeckt die Welt, und so wie es merkt, dass Sprechen und Laufen plötzlich möglich sind, hält es auch allerlei anderes für möglich: unterm Bett lauernde Monster, gutmütige Feen oder der augenblickliche Aufbruch der ganzen Familie zum Tierpark. Zudem belebt der Wicht Dinge mit seiner Fantasie: Die Puppe wird zur Bezugsperson, und aus Sand gebackene Kuchen schmecken lecker.

Erwachsene gehen über diesen vermeintlichen Firlefanz oft hinweg. Doch wer eine Sand-Mahlzeit zerstört, »weil wir die Stühle hier hinstellen wollen«, kann eine Krise auslösen. Es ist auch unklug, die Furcht vor Räubern als Unfug abzutun, denn für ein Kind sind sie in der »magischen Phase«, in der es vom dritten bis etwa sechsten Lebensjahr zwischen Fantasie und Wirklichkeit noch nicht unterscheiden kann, so real wie der Briefträger.

Betrachten Sie die Welt einfach mal mit den Augen Ihres Kindes! Dann verstehen Sie einander besser, und Sie nehmen wahr, woran sein Herz hängt und wovor es Angst hat. Das tut dem Sprössling in seiner gesamten Entwicklung gut. Sie selbst tauchen in eine andere Bewusstseinsebene ein – das bereichert und macht Ihr Leben bunter.

Leona, vier Jahre alt, rührte die Holzspäne angespitzter Stifte in ein Schüsselchen mit Wasser. Ihre Mutter wollte schon schimpfen und das Spiel aus Angst vor einer »Sauerei« unterbinden, doch einer Eingebung folgend fragte sie: »Kochst du eine Suppe?« Leona, die wohl eine Standpauke erwartet hatte, guckte überrascht – und strahlte. In Mamas Beisein wurde dann noch allerlei anderes ins Wasser geschnippelt: Kalenderblatt, Plastiktütchen, Strohhalm … Erst anderntags schüttete die Mutter das Süppchen weg. Als ihr Kind es suchte, erklärte sie: »Das habe ich aufgegessen.« Das akzeptierte Leona ohne ein weiteres Wort.

KINDERMEINUNG ACHTEN

Eine Sache des Respekts

KINDER SIND SEHR DIREKT: »Das finde ich doof« oder »Ich mag Tante Martina nicht«, heißt es unverblümt. Eltern können sich darüber freuen, denn es zeigt, dass ihr Kind sich traut, seine Meinung zu äußern. Es fühlt sich frei und wertgeschätzt – egal was es sagt. Deshalb lassen Sie Ihr Kind plappern! Machen Sie sich weder lustig über seine Worte, noch stellen Sie sie als dumm hin. Was natürlich nicht heißt, jede Äußerung und jeden Tonfall gutzuheißen.

Achten Sie die Meinung Ihres Kindes und wehren Sie auch ungewöhnliche Sichtweisen und Ideen nicht gleich ab. Das bedeutet nicht, jeder Laune zu folgen – Sie sollten sich lediglich auf die Gedankenwelt Ihres Kindes einlassen (siehe Seite 54). Erlauben Sie dem Weltentdecker- und Forschernachwuchs, etwas auszuprobieren – oder machen Sie sogar mit. Warum nicht mal Weihnachtskekse im Sommer backen?

DURCH ZUTRAUEN FORDERN

»Ich weiß, du schaffst das!«

SELBST KLEINE MAULHELDEN werden kleinlaut, wenn sie im Rampenlicht stehen oder anderweitig Farbe bekennen sollen. Sie mögen es nicht, wenn man sie anguckt, haben Angst vor der eigenen Courage oder davor, Fehler zu machen. In solchen Situationen ist es toll, wenn Eltern ihrem Kind den Rücken stärken und es zum Durchhalten ermutigen. Sie können vor einem Wettbewerb, einem Vortrag vor der Klasse oder einem Bühnenauftritt sagen: »Ich weiß, du schaffst das!« Will Ihr Kind vor Aufregung ausbüxen, beruhigen Sie es: »Das ist ganz normal, es heißt Lampenfieber. Das haben alle Künstler. Wenn du auf der Bühne stehst, ist es weg, bevor du bis zehn zählen kannst. Du wirst schon sehen! Ich frage dich nachher – und jetzt los!«

Auch bei anderen Gelegenheiten, wo ein Kind »einen Sprung wagen« muss, wie zum ersten Mal ohne Stützräder Rad fahren, im Laden nach etwas fragen, allein telefonieren, woanders übernachten, spornen Sie Ihr Angsthäschen an, bei der Stange zu bleiben! Sorgen Sie bei solchen Gelegenheiten für günstige Rahmenbedingungen, denn geht der Auftritt oder die Einkauf-Premiere schief, kann es sein, dass Ihr Kind für lange Zeit die Finger davon lässt. Am wichtigsten ist aber, dass Sie das Zutrauen Ihres Kindes zu sich selbst und seinen Fähigkeiten stärken: »Ich weiß, du kannst das!« Überfordern Sie es nicht, aber fordern Sie es – denn wenn es etwas Neues geschafft hat, wird es von grenzenlosem Stolz erfüllt.

Der sechsjährige Nachwuchstrompeter Linus übte mit dem Musikverein fürs Konzert, doch als dieses vor der Tür stand, wollte er nicht mehr mitmachen. Seine Eltern ließen jedoch nicht locker und machten ihm Mut. Schließlich, als es hieß, er dürfe in der letzten Reihe stehen, rang sich Linus zum Mitmachen durch. Es klappte alles prima, Linus war superstolz, und weitere Auftritte waren kein Problem mehr.

FREIHEIT DES MITTUNS

Eigene Wege gehen lassen

FÜR ELTERN UND IHRE KLEINEN KINDER ist es schön und beglückend, gemeinsam durch den Wald zu radeln oder die Stadt zu erkunden. Doch kommt ein Kind ins Grundschulalter, hat es dazu nicht mehr unbedingt Lust. Die Zeit, in der es sich gern überallhin mitnehmen ließ, ist vorbei, jetzt geht es öfter eigene Wege. Das ist normal und wichtig für die Persönlichkeitsentwicklung. Natürlich muss auch ein Grundschüler oft Mama oder Papa begleiten, weil er nicht längere Zeit allein zu Hause bleiben oder bei einem Besuch dabei sein soll. Doch oft steckt hinter einem Elternvorschlag wie »Komm, wir gehen spazieren« eher der Wunsch, Gesellschaft zu haben.

Ein Kind spürt das meist intuitiv und wehrt ab. Es will nicht benutzt und wie ein Regenschirm mitgenommen werden. Seine Aufgabe ist es nicht, Schmied des Elternglücks zu sein.

Ist Ihr Kind gerade in dieser Phase, können Sie es sich meist schenken, ihm etwas schmackhaft zu machen durch Sätze wie »Vielleicht sehen wir ein Reh« oder »Wir können unterwegs die Enten füttern«. Das motivierte zwar ein Kleinkind, macht einen Grundschüler aber eher skeptisch. Was so angepriesen wird, schreit nach Widerspruch! Sprechen Sie lieber aus, was Sie empfinden: »Komm doch mit. Ich finde es schöner, mit dir durch den Wald zu gehen.«

Noch klüger ist es, wenn Sie Ihr eigenes Ding machen und Ihr Kind davon lediglich in Kenntnis setzen: »Ich gehe gleich einkaufen.« Sie können solch eine Mitteilung auch mit einer dezenten Einladung koppeln: »Ich gehe Kastanien sammeln. Wenn du willst, kannst du mitkommen.« Wenn Ihr Kind nicht »anbeißt«, nehmen Sie das einfach hin – und gehen allein. Dann sind Sie nicht sauer auf ein Kind, das nicht will, wie Sie wollen, und das Kind spürt die Freiheit des Mittuns. Aus ihr heraus kann es immer dann mit ganzem Herzen Ja sagen, wenn ihm danach ist. Das ist für Eltern dann ein ganz besonderer Glücksmoment!

SPIELERISCH FÖRDERN 7

SELBSTSTÄNDIGKEIT TRAINIEREN

Wenn Eltern ihren Nachwuchs lebenstauglich machen wollen, sollten sie seine Selbstständigkeit in allen Lebensbereichen und allen Altersstufen trainieren: Ein Kleinkind kann beispielsweise im sicheren Umfeld unbeaufsichtigt spielen. Im Kindergartenalter kann der Nachwuchs dann beim Kochen helfen, den Tisch decken und anderswo übernachten. Grundschüler sollten kleine Einkäufe erledigen, allein zu Freunden aufbrechen dürfen und absehbare Zeitspannen allein zu Hause bleiben. Freuen Sie sich darüber, wenn Ihr Kind sich etwas zutraut und Ihren »Rockzipfel« immer öfter loslässt. Machen Sie ihm Mut, eigenständig Aufgaben zu übernehmen. Das entlastet Sie einerseits, vor allem aber macht es Ihr Kind stolz auf sich selbst und seine Fähigkeiten. Eine gute Basis fürs Erwachsensein!

KOMMEN LASSEN

So kann sich Interesse entwickeln

DIESES REZEPT DES MITEINANDERS ist verzahnt mit dem vorangegangenen. Sätze wie »Mach doch mit, das wird dir gefallen« oder »Das ist ganz toll, das musst du dir angucken« haben etwas Bedrängendes und lassen das Kind unwillkürlich auf Distanz gehen, je älter es ist, umso mehr.

Soll Ihr Kind aufräumen oder andere Pflichten erledigen, zum Arzt oder zu Omas Geburtstag mitfahren, müssen Sie es dazu natürlich unmissverständlich anhalten. Bei freiwilligen Tätigkeiten und Unternehmungen ist dagegen eine andere Taktik ratsam: Lassen Sie Ihr Kind kommen! Schildern Sie ihm nicht das Kuchenbacken in den herrlichsten Farben, sondern fangen Sie einfach damit an. Erzählen Sie nicht, dass Wäschefalten mehr Spaß macht als Puzzlespielen, sondern legen Sie los. Allerdings sollten Sie Ihrem Sprössling vorher kurz sagen, was Sie in Angriff nehmen, denn sonst bekommt er es vielleicht nicht mit.

Wer selbst engagiert bei der Sache ist, wird öfter einen neugierigen Mitmacher haben. Kommentieren Sie sein Auftauchen nicht großartig, sondern beziehen Sie Ihr Kind selbstverständlich ein: »Halt mal bitte«, könnte es beim Reparieren heißen, und beim Kuchenbacken: »Wiege doch schon mal das Mehl ab.«

Sie können das Interesse des Sprösslings auch wecken, indem Sie ihn durch eine Bitte mit der Sache verwickeln und so vielleicht auf den Geschmack bringen: »Ich sortiere alte Kleider aus, guck mal, was du für die Verkleidungskiste gebrauchen kannst.« Oder: »Ich hänge Bilder auf. Schau mal bitte, ob sie gerade hängen.« Dabei fühlt sich Ihr Kind unentbehrlich als Experte – und bleibt!

Sicher kennen Sie die Geschichte von Tom Sawyer und dem Gartenzaun: Die junge Romanfigur von Mark Twain soll auf Geheiß von Tante Polly den Zaun streichen, statt mit den Freunden fischen zu gehen. Der schlaue Tom tut dies so genüsslich, dass ihn die anderen Kinder schließlich anflehen, auch einige Pinselstriche machen zu dürfen. In null Komma nichts ist der Zaun gestrichen.

KEINE ERWACHSENEN-MESSLATTE!

Eigene Erfolge konkurrenzfrei zugestehen

»ICH KANN DAS SELBST!« Zuversichtlich versuchen kleine Fachleute ihr Glück: zuerst beim selbstständigen Anziehen, später beim Wäscheaufhängen oder beim Herausfinden der Busfahrzeit. Es ist prima, wenn Eltern ihr Kind dabei gewähren lassen, so oft es geht. Natürlich klappen dann vor allem anfangs bestimmte Abläufe weniger schnell und geschickt, als wenn die erwachsene »Konkurrenz« die Sache selbst in die Hand nehmen würde. Doch jeder fängt einmal klein an, und Übung macht bekanntlich den Meister. Lassen Sie es Ihr Kind nie spüren, wenn Sie seine Bemühungen dilettantisch finden. Messen Sie es nicht an Ihnen selbst! Wer seinem Kind Kartoffel und Schälmesser wegnimmt (»Lass mich das besser mal machen«) und vormacht, wie es »richtig« geht, verliert schnell auf ewig einen Helfer. Beim Autowaschen polieren Sie nicht nach, sondern sagen: »Gut gemacht!« Fragen Sie höchstens: »Soll ich dir noch einen super Trick vom Profi zeigen?« Auf ein »ja« folgt: »Wenn du noch mal drüberwischst, glänzt es schön!«

MASCHE DURCHSCHAUEN

»Welche hast du denn?«

DIESES REZEPT ERFORDERT, dass Eltern sozusagen von oben auf sich herabblicken, um festzustellen, mit welcher Masche ihr Liebling sie um den Finger wickelt. Wahrscheinlich kreieren alle Kinder intuitiv und durch »trial and error« (Versuch und Irrtum) eine Methode, mit der sie ihre Interessen zu Hause durchsetzen. Die einen bitten mit leidender Stimme und flehenden Kulleraugen, die anderen mit spitzbübischem

Charme und keckem Lächeln, wieder andere, indem sie sich wie kleine Kätzchen an die Eltern ankuscheln.

Oft nehmen Mama und Papa die Masche gar nicht als solche wahr. Andere erkennen oft eher: »Dein Sohn kann mit einem Augenaufschlag wohl alles bei dir erreichen« oder »Wenn deine Kleine diesen Quengelton anschlägt, knickst du sofort ein«. Falls Sie erkannt haben, wie Ihr Schatz Sie rumkriegt, dürfen Sie ihn das ruhig wissen lassen: »Du gehst jetzt ins Bett. Deine Kuschel-Masche nützt nichts« oder »Die Quengelstimme kannst du lassen, die Masche zieht nicht mehr«. Oder Sie spielen mit und lassen sich einwickeln – ganz bewusst. Das können Sie sogar kundtun: »Na, bei der höflichen Frage kann ich nur Ja sagen.«

»Was hat Stella für eine Masche, wenn sie dich rumkriegen will?«, fragte mich die elfjährige Merle. »Ich mache so«, sagte sie, schob die Unterlippe vor und guckte wie ein trauriges Hündchen. »Das hat gerade auch wieder geklappt, ich hab das zweite Eis auch noch bekommen!«

NEUES WOHLDOSIERT

… um nicht zu überfordern

ES MACHT SPASS, ein Kind hierhin und dorthin mitzunehmen und es mit Neuem bekannt zu machen. So funktioniert Bildung. Doch manche Erwachsenen neigen zu Übertreibung: Sie betrachten im Museum jedes Bild mit Inbrunst, machen ausgedehnte Wanderungen und schwärmen dabei über die Landschaft, hängen stundenlang am Fußballplatz herum und schreien sich die Seele aus dem Leib. Sich mit Herz zu engagieren ist immer gut und wirkt auf ein Kind durchaus ansteckend. Doch wenn Sie Ihr Kind für etwas begeistern wollen, achten Sie darauf, dass Sie es nicht mit einer Überdosis konfrontieren. Sie kann den unerfahrenen kleinen Menschen überfordern und Ablehnung hervorrufen. Begrenzen Sie neue Aktivitäten und Eindrücke auf ein verdauliches Maß – ausweiten lassen sie sich später immer noch. Betrachten Sie im Museum in jedem Saal maximal ein Bild, beginnen Sie mit kurzen Spaziergängen und Mini-Radtouren und starten Sie bei Veranstaltungen mit überschaubaren Zeitspannen. Wenn Ihr Kind mehr verlangt – wunderbar. Dann haben Sie es erfolgreich »angelockt«.

Die Ausstellung »Der Blaue Reiter« lockte nach Köln, als meine Tochter sechs Jahre war. Um ihr Kunst schmackhaft zu machen und Gemälde nicht zu verleiden, gingen wir recht flott durchs Museum. Von den 65 Bildern sahen wir uns nur fünf bis sieben intensiv an, vor allem jene von Franz Marc mit Tigern, Kühen und blauen Pferden. Sieben Jahre später, in einem Düsseldorfer Kunstmuseum, hörte ich überrascht meine Tochter mit Blick auf ein völlig tierfreies Gemälde von Franz Marc sagen: »Ist das nicht der, der die Pferde malt?«

MIST GEMACHT?

Nach vorn blicken

GESCHUBST? ETWAS KAPUTT GEMACHT? Ein bisschen geschummelt, etwas vergessen? Die Liste der kleinen und größeren Fehltritte ist lang. Manches machen Kinder mit Absicht, zum Beispiel ihre Erzieher oder andere Kinder kräftig beißen. Anderes passiert dagegen unbeabsichtigt, wie die Busfahrkarte zu Hause zu vergessen. Manchmal ist es auch einfach Pech, ein Missgeschick, etwa wenn beim Sturz die Hose reißt.

Da Eltern den »Tathergang« oft nicht kennen, sollten sie eins beherzigen: Keinesfalls drauflos schimpfen. Das kann das schlechte Gewissen oder die Scham oder die Wut des Sprösslings über Gebühr steigern. Zunächst einmal gilt: Passiert ist passiert.

Sinnvoll ist es, wenn Mama und Papa aufmerksam reagieren: innehalten, hinhören, vielleicht trösten. Sie sollten ein intensives Gespräch mit dem Schwerenöter oder Pechvogel darüber führen, wie es zu der Situation kam. Nichts verniedlichen! Aber dann heißt es: »Jetzt blicken wir nach vorn.« Suchen Sie mit dem Kind eine Lösung, überlegen Sie gemeinsam, wie es aus dem Schlamassel wieder herauskommt und wie sich eine Wiederholung vermeiden lässt.

LIEBE ZEIGEN

Stärkt das (Selbst-)Vertrauen

FAST JEDES KIND kennt dieses Gefühl: »Mama und Papa haben mich gar nicht lieb.« Das Selbstwertgefühl eines Kindes ist fragil, deshalb ist es wichtig, dem Baby wie dem Schulkind zu sagen und zu zeigen, dass Mama und Papa es lieben. Vorbehaltlos. Egal ob es eine Zwei oder Fünf heimbringt oder ob es so geschickt klettert wie das Nachbarskind. Das bedeutet nicht, alles gutzuheißen: Eltern sollten sagen »Es gefällt mir nicht, wie du reagierst« oder »Ich verbiete dir, so zu reden!«. Kein »Trotzdem liebe ich dich«, es gibt in der Liebe kein Aufrechnen! Das »Und ich liebe dich« ist die Basis fürs Miteinander. Sagen Sie Ihrem Kind immer wieder, dass Sie es wertschätzen und so mögen und lieb haben, wie es ist. Neben »Ich liebe dich« und »Ich hab dich so lieb« können Sie auch »Schön, dass es dich gibt« oder etwas anderes sagen. »Ich bin so froh, dass gerade du meine Tochter bist«, habe ich schon oft zu meinem Kind gesagt. »Ich hätte ja auch sonst wen bekommen können!« Auch ein liebevolles Haarezausen, ein Kämpfchen mit Lachen sowie viel Zuhören (siehe Seite 53) zeigen einem Kind: Ich werde geliebt. Das stärkt fürs Leben.

SPIELERISCH FÖRDERN 8

GRÜSSEN: HÖFLICHKEIT UND RESPEKT

Ob bei einer Begegnung oder beim Betreten eines Raumes, ein Gruß zeigt: Ich bemerke dich, ich nehme dich wahr. Achten Sie aufs Grüßen, als Vorbild und durch Erinnerung: »Hast du eigentlich Guten Tag gesagt?« oder »Ich hab noch gar kein ›Hallo‹ gehört«. Das »Grüßen für Fortgeschrittene« beinhaltet eine Anrede. Dann weiß das Gegenüber zweifelsfrei, dass es gemeint ist, und fühlt sich respektiert. Zu dieser Kontaktaufnahme gehört auch der Blick in die Augen.

BELEIDIGT? DA HILFT HUMOR

Lachen holt aus der Schmollecke

GEHT'S NICHT NACH DEN WÜNSCHEN und Vorstellungen von Kindern, sind die im Grundschulalter oft vor allem eins: beleidigt. Marie darf den gruseligen Film nicht anschauen, Maxim hatte sich aufs Picknick gefreut, das leider ausfallen muss – schon wird enttäuscht geschmollt. Das Kind zieht sich zurück nach dem Motto »Sollen die anderen doch sehen, was sie davon haben«. Vielleicht wissen Sie noch, wie Sie selbst als Kind mit gefühlten hundert Kilometern Abstand hinter dem Rest der Familie hertrotteten. Auch ich erinnere mich gut an solche Szenen und daran, dass ich mich dann irgendwann in dieser Rolle unwohl zu fühlen begann: Ich hatte mich genügend distanziert, hatte aber keine Ahnung, wie ich in den »Normalmodus« zurückkommen könnte, ohne das Gesicht zu verlieren. Oft erlöste mich ein Trick meines Vaters: Er brachte mich zum Lachen. Dagegen konnte ich mich nicht wehren, weil etwas in mir aus der Schmollecke heraus wollte.

Versuchen Sie Ihr Glück, wenn Sie finden, Ihr Schatz habe nun lange genug beleidigt in seinem Schneckenhaus gehockt: Necken Sie ihn liebevoll, fachsimpeln Sie lustig über seinen Schmollmund oder finden Sie etwas anderes, das ihn zum Lachen bringt. Sie werden sehen: Schnell ist die Welt wieder in Ordnung.

Philipps Eltern wollten mit Freunden und deren Tochter in den Klettergarten, doch angesichts der teuren Eintrittskarten bliesen sie die Sache ab und machten nur einen Spaziergang. Das enttäuschte Mädchen war stocksauer, beleidigt trottete es schweigend nebenher. Philipp bedrückte das. Um die Freundin aufzuheitern, pflückte der Neunjährige einen Blumenstrauß für sie, doch sie lehnte verbissen ab. Als Philipp ihr schließlich den Strauß mit einem so flehenden Gesichtsausdruck hinhielt, als hinge sein Leben von ihrer Gnade ab, musste das Mädchen gegen seinen Willen lachen – und taute wieder auf.

BELEIDIGT? KONKURRENZ BELEBT!

Aus dem Schneckenhaus locken

KAPSELT SICH EIN KIND beleidigt, enttäuscht oder verletzt ab, kann auch etwas Konkurrenz das Miteinander neu beleben. Denn das Kind will zwar ein Zeichen setzen (»Euch brauche ich gar nicht«), aber es will nicht wirklich ins Abseits geraten. Lassen Sie es ruhig ein bisschen »schmoren«. Wenn die Rückzugspause lang genug gedauert hat, können Sie ihm eine Brücke zurück in die Gemeinschaft bauen. Sagen Sie zum Beispiel auf dem Weg zum Bäcker: »Mal gucken, wer zuerst an der Tür ist. Bist du es, gibt es Brötchen, bin ich es, gibt es Brot.«

Oder Sie fordern, wenn Ihre Tochter schmollt, mehrere Kinder zum Geschicklichkeitslauf auf und sagen diesen, wenn sie sich abseits hält, verschwörerisch: »Da habt ihr aber Glück, dass eine Konkurrentin noch nicht dabei ist. Ich wette, wenn sie mit an den Start ginge, würde es erst so richtig spannend!« Dem kann ein Schmollkind schlecht widerstehen.

VERGESSEN KÖNNEN

Neue Chance statt Elefantengedächtnis

WENN EIN KIND sich tollpatschig anstellt, Fehler macht oder etwas anstellt (siehe Seite 61), trägt eines entscheidend zu einem positiv gestimmten Blick in die Zukunft bei: dass seine Eltern vergessen können. Damit ist nicht gemeint, alle unschönen Dinge, die der Sprössling sich leistet, aus der Erinnerung zu löschen. Sondern dass Eltern sie ruhen lassen sollten, statt sie immer wieder aufzuwärmen. Denn so prima ein Elefantengedächtnis in der Schule ist, im Alltagsleben ist es eher ein Hindernis.

Wer ständig »nachkartet«, Vergangenes immer wieder thematisiert, gibt dem Nachwuchs keine neue Chance. Die braucht er aber. Denn er wächst heran, ist nicht perfekt und macht jede Menge Fehler. Diese zu besprechen ist wichtig. Aber dann heißt es: Genug davon, auf zu neuen Ufern.

Hat Ihr Trotzkind sich beruhigt, tun Sie, als sei nie etwas gewesen. Verzichten Sie auf Sprüche wie »Na, bist du jetzt lieb?« und behandeln Sie stattdessen Ihr Kind wie immer. Ist ihm etwas missglückt und startet es einen zweiten Versuch, unken Sie keinesfalls »Das ist doch schon mal schiefgegangen«, sondern erinnern Sie höchstens an das, worauf Ihr Kind sich konzentrieren sollte: »Denk daran, immer geradeaus zu gucken.« Und falls es dann wieder schiefgeht? Keinesfalls besserwisserisch nachtreten mit Bemerkungen wie »Siehst du, das habe ich dir doch gesagt«, sondern besser erneut gemeinsam überlegen, wieso die Sache misslang und wie sie besser gelingen könnte.

TROTZKIND TRIFFT 007

Den Mantel der Coolness überstreifen

DIE TROTZPHASE im Kindergartenalter ist normal, trotzdem nervt und belastet sie die Erwachsenen. Doch selbst wenn der Wicht mit Inbrunst trotzt, ist es falsch, zu denken, dass er das gern tut oder Eltern und Erzieher ärgern will. Es ist vielmehr ein verzweifelter Akt, sich mit dem ganzen Körper auszudrücken, weil Wut und Enttäuschung abfließen müssen, aber die Sprachfähigkeit noch unzureichend entwickelt ist, um in Worten Dampf abzulassen. Der kleine Körper spricht stattdessen: durch Schreien, Treten, Hauen oder indem er sich wutentbrannt auf den Boden schmeißt. Durch diese Phase muss jedes Kind durch.

Bleiben Sie möglichst cool – wie 007! Das gelingt gut, wenn Sie sich vorstellen, dass Sie den Dress des Agenten wie einen Mantel selbst überziehen. Sie verwandeln sich, ohne dass Ihr Trotzkind es sieht. Aber es spürt dies, denn als 007 lassen Sie es nach Herzenslust toben, ohne dass Sie das Ausrasten im Geringsten tangiert. Sie gehen weg, um die Welt anderswo zu retten, oder schicken das Kind in sein Zimmer, damit es sich dort abkühlt, ohne Ihre Kreise weiter zu stören.

Notfalls tragen Sie Ihren Widersacher dorthin – mit 007-Kräften. Das Einzige, worauf Sie dabei achten sollten: dass sich Ihr Kind in seiner Wut nicht verletzen kann.

So wie sich am Ende der Agent im Film stets gut gelaunt entspannt, werden Frieden und Ruhe auch bei Ihnen nach dem überstandenen kindlichen Trotzanfall wieder einkehren – meist in weniger als einer Spielfilmlänge.

ADIEU, MOTZKIND!

»Wo ist der Sonnenschein von heute Morgen?«

WER MOTZT UND NÖRGELT, ist mit sich und der Welt nicht zufrieden. Oft scheint es, als würde ein anderes Wesen die kleine Gestalt in Besitz nehmen. In einer solchen Gemütslage fühlt sich niemand wohl. Es ist allerdings schwer, aus ihr herauszufinden, eher steigert sich das Kind wie in einer Spirale immer mehr hinein. Eltern müssen das nicht aushalten. Oft dient es allen, dem Motzkind eine Pause zu verordnen (siehe Seite 42). Aber bitte, ohne das Kind mit pauschalen Sätzen wie »Ich kann dich nicht mehr ertragen!« oder »Du bist eine Nervensäge« abzuqualifizieren. Besser, Sie trennen das Motzkind vom »Normalkind«, als seien es zwei Wesen. Sagen Sie, was Ihnen am Motzkind nicht passt und welches Verhalten Sie sich wünschen: »Deine Meckerei verdirbt mir die Laune. Ich möchte meinen Sonnenschein von heute morgen wieder haben!«

Schicken Sie Ihren kleinen Stänkerer in sein Zimmer, mit dem Zusatz: »Wenn du genug gestänkert hast, kannst du wieder rauskommen!« Oder Sie machen es wie diese Kindergartenmama:

Eine Mutter schickte ihren Sohn im Vorschulalter in sein Zimmer, wenn er in Stänker-Laune war. Sie sagte dann zu ihm: »Geh jetzt in dein Zimmer, und wenn du zurückkommst, möchte ich wieder das gut gelaunte und freundliche Kind von heute Morgen sehen!« Meist sei ihr Sohn kurz darauf breit grinsend anmarschiert, erzählte sie mir. Ich probierte es mit meinen Schülern aus: »Ich möchte das aufmerksame Kind hier wieder sehen, dass sonst auf diesem Platz sitzt.« Das wirkte auch.

KRÄFTE ERPROBEN LASSEN

Energie braucht Ventile

HAUEN – das finden viele Eltern fürchterlich. Doch solange die Folgen verträglich sind, ist dagegen nichts einzuwenden. Die Energie eines Kindes, vor allem bei Jungs, ist enorm und braucht Ventile zum Abfließen. Doch lehren Sie Ihr Kind, dass Hauen nur dann okay ist, wenn es niemandem schadet. Geben Sie ihm die Möglichkeit, seine Kräfte verträglich zu erproben: Tom zerschlug mit Begeisterung Pappkartons, Daniel lernte Karate, Jan Artistik. Toll sind auch Boxsack, Trampolin und körperbetonte Sportarten, aber auch Kissenschlacht und Boxkämpfchen mit Mama oder Papa.

Einschreiten sollten Eltern sofort, wenn das Kind etwas beschädigt: Fegt es mit dem Stock ein Glas vom Tisch, sollte es die Scherben einsammeln und (spätestens im Wiederholungsfall) zur Wiedergutmachung beitragen: durch Taschengeld oder Arbeitsleistung. Zerschlägt es das Bauwerk eines anderen Kindes, muss es sich entschuldigen und das traurige Gegenüber eventuell sogar entschädigen durch ein gemaltes Bild, das Leihen einer begehrten Sache oder eine andere Nettigkeit. Schlägt Ihr Kind mit Gegenständen um sich, nehmen Sie ihm seine »Waffe« weg und setzen es in eine andere Zimmerecke. Bieten Sie Ersatz an: »Lass den Schrank in Ruhe! Wenn du dich austoben willst, verprügele doch ein Sofakissen.«

Einschreiten ist besonders dann nötig, wenn das Hauen sich gegen Menschen richtet. Ein Kind muss lernen, dass Hauen, anders als Knuffen, Umarmen oder Kuscheln, nicht zum Kommunizieren taugt. Schlägt oder tritt der kleine Grobian nach Ihnen, weisen Sie ihn sofort mit scharfer Stimme in seine Grenzen: »Lass das! Das tut mir weh!« Zusätzlich nehmen Sie den Arm oder das Bein in den »Schraubstock« Ihrer Hand. Will das Wutkind weitermachen, fragen Sie drohend: »Soll ich dich auch mal so hauen, damit du spürst, wie das ist?«

Auch wenn ein Kind ein anderes haut, machen Sie nicht viele Worte, sondern packen es am Schlafittchen und trennen es vom Gegner. Doch sehen Sie genau hin: Schlägt ein Kind wirklich das andere, das so zum Opfer wird? Das sollten Sie sofort unterbinden. Oder ist es ein einvernehmliches Kämpfchen? Fragen Sie: »Ist das Spaß oder Ernst?« Erklären beide es als Spaß, halten Sie sich raus.

»BONBON« FÜR DRINGENDES

… motiviert für Ungeliebtes

ELTERN BRAUCHEN MANCHMAL schnell die Unterstützung ihres Kindes, etwa beim Kochen: »Lauf bitte zur Nachbarin und frage, ob sie zwei Eier für mich hat.« Das tut ein Kind selten gern, zumal es meist gerade mit etwas beschäftigt ist. Weigert es sich, lassen Sie es möglichst bald darauf bei einem Wunsch ebenfalls im Regen stehen: »Ich soll dir den Reifen aufpumpen? Nein. Du bist nicht für mich gelaufen, deshalb stehe ich für dich jetzt auch nicht auf.« Woran sich ein Gespräch über gegenseitige Gefälligkeiten in der Familie anschließen kann.

Es gibt aber Momente, da zwingen Eltern ihrem Kind den eigenen Rhythmus ohne Not auf. Dann sieht es zu Recht nicht ein, warum es erst aufräumen und dann fernsehen soll statt andersherum. Dann können Sie durchaus mal ein »Bonbon« zur Motivation anbieten: »Wenn du erst aufräumst und dabei schnell bist, darfst du eine halbe Stunde länger fernsehen als sonst.« Oder: »Wenn du für mich die Schüssel zur Nachbarin bringst, habe ich Zeit, deine Lieblingshose zu flicken.«

LÜCKE FÜLLEN

Mit Ersatz das Spiel am Laufen halten

MANCHE BESCHÄFTIGUNGEN ihres Kindes sind Eltern ein Dorn im Auge – in diesem Moment oder generell. So missfällt es Mama etwa, wenn Töchterchen in ihren besten Pumps herumstolziert. Oder wenn der Junior mit einem Messer auf den Kochtopf trommelt, denn er könnte sich verletzen. Wird dem Kind sein Spiel-Objekt weggenommen oder verboten, hinterlässt das eine Lücke, das Spiel ist beendet und es bleibt – nichts.

Sinnvoller ist es, wenn Sie Ersatz liefern. Der Tochter können Sie zwei andere Schuhpaare zur Wahl stellen, dem Nachwuchstrommler können Sie für das weggenommene Messer Holzlöffel und Schöpfkelle anbieten. So hat das Kind die Wahl zwischen zwei Alternativen und entscheidet selbst, welche passt. Es entsteht keine dauerhafte Lücke, der Ersatz sorgt dafür, dass der Spielfluss bleibt. Schön ist, wenn Sie kurz die Gründe für den Tausch erklären. Das Verschwundene wird meist schnell vergessen.

Auch in Sachen Verhalten hilft oft Ersatz: Soll Ihr Kind den Computer ausschalten, überlegen Sie gemeinsam eine Alternative: Es könnte mit Papa an der Werkbank arbeiten oder mit dem Hund losgehen und den Freund abholen. Soll es generell weniger vor dem Bildschirm sitzen, könnte es zum Karatekurs angemeldet werden oder doch das ersehnte Waveboard spendiert bekommen.

SPIELERISCH FÖRDERN 9

LESELUST SCHÜREN

Wenn ein Kind die Welt entdeckt, stößt es unweigerlich auch auf Bücher. Meist ist es Liebe auf den ersten Blick. Lassen Sie sie nicht erkalten! Denn Wissen eignet man sich nur zum Teil durch Erfahrung und via Ohren an, der andere Teil wird durch Lesen erworben. Außerdem hat, wer zur Leseratte wird, stets eine faszinierende Freizeitbeschäftigung in jedem Alter.

Von Babytagen an bis weit in die Schulzeit hinein lauscht Ihr Kind gern Ihrer Stimme beim Vorlesen. Fördern Sie aber auch das Selbstlesen, indem Sie altersgerechte Bücher ins Haus holen mit Themen, die Ihr Kind interessieren (siehe Seite 135). Es dürfen auch Geschichten sein, die Sie selbst vielleicht uninteressant finden. Hauptsache, Ihr Kind entdeckt die Lust daran, sich in einen Text hineinzuvertiefen, Neues zu erfahren, seine Fantasie spielen zu lassen. Toll ist, wenn Sie sich auch selbst mal vorlesen lassen! Denn Lesen braucht gerade am Anfang viel Übung. Loben Sie die Anstrengung!

Auch fürs spätere Lesen im Internet ist eins wichtig: das Leseverständnis. Das fördern Sie nebenbei, wenn Sie sich über den Inhalt der (vor)gelesenen Geschichten unterhalten. Eine Garantie für Bücherspaß gibt es aber nicht. Zu viel TV und PC mögen ihn bremsen, doch manches Kind liest einfach nicht gern.

GEHEIMES ACHTEN

Bringt Abenteuer in den Alltag

KINDER VERSTECKEN GERN Sachen und haben ein Faible für Geheimes. Im Grundschulalter haben Geheimschriften und Geheimsprachen Hochsaison. Sobald Mama das Kinderzimmer betritt, schallt ihr womöglich ein gekreischtes »Nicht gucken! Was wir machen, ist geheim!« entgegen – fünf Minuten später entpuppt sich das Geheimnis als witzige Verkleidungsaktion oder selbst gebasteltes »Mittagessen«. So manches Kind fängt ein Tagebuch an, um ihm geheimste Gedanken anzuvertrauen. In jedem Falle gilt: Schnüffeln Sie nicht herum, so lange Sie nicht ernsthaft befürchten, Ihr Kind treibe Übles. Lassen Sie ihm die Geheimniskrämerei, solange sie niemandem schadet. Sie macht das Kinderleben spannend und verleiht ihm einen Hauch Abenteuer. Zugleich signalisiert sie die Abgrenzung des Kinder-Ich von anderen Personen – auch von den Eltern. Diesen Schritt auf dem Lebensweg sollte jeder seinem Sprössling gönnen.

VERSTECKE TOLERIEREN

Heimlichkeiten gehören zur Kindheit

ES KANN SEIN, dass Sie im Zimmer Ihres Kindes alte Kaugummis in einer Schachtel entdecken oder im Schulranzen eine Handvoll Kieselsteine. Kinder neigen zum Sammeln und Verstecken. Vor allem wenn sie wissen, dass der Gegenstand des Interesses den Eltern missfällt. Drücken Sie bei harmlosen Sachen ruhig beide Augen zu – und schweigen Sie. Offensichtlich Vergessenes können Sie wegwerfen. Ansonsten überlassen Sie die Fortdauer des Verstecks listig Ihrem Kind, indem Sie beispielsweise fordern: »Heute räumst du deinen Schulranzen auf.«

Entlarven Sie das Versteck – und damit Ihr Kind – nur, wenn der Ort ungünstig oder gefährlich ist (im Backofen) beziehungsweise wenn das Versteckte lebt oder vergammelt (Käfer, Knochen vom Essen, ein mottenbefallener Teddy vom Sperrmüll). Denn das Enttarnen von Verstecken bringt ein Kind in die Bredouille, es ist ihm peinlich und beschämt es. Schimpfen Sie deshalb auch keinesfalls, sondern erkundigen Sie sich aufrichtig, was Ihr Kind sich dabei gedacht hat. Erklären Sie, warum dieses Versteck aufgelöst werden muss: »Stell dir vor, ich mache den Backofen an und all das fängt darin Feuer!« Sie können auch eine Regel fürs Versteckgut aufstellen: »Wenn du was aus der Natur sammelst, dann verstecke es draußen.«

Das Versteck und sein Inhalt verraten Ihnen viel über Ihr Kind. Wird diese Heimlichkeit verboten oder verteufelt, verliert man das – und zudem verliert die Kinderwelt von ihrem Zauber.

RUHEINSEL

Chance für vertrauliche Gespräche

IM TRAB ZUM AUTO, im Galopp zum Kindergarten, ab die Post zur Sportgruppe. Das Leben ist schneller geworden, das merken schon die Jüngsten. In Windeseile von hier nach dort eilen, über die Autobahn jagen oder durch die Bilderfluten der TV-Programme zappen: Ein Kind muss damit zurechtkommen und tut es in der Regel auch. Doch Eltern machen ihm ein Geschenk, wenn sie immer wieder ganz bewusst für Ruheinseln sorgen: kleine Auszeiten vom hektischen Alltag. Wer etwas Fantasie entwickelt, kann sie vielgestaltig einbauen – und entspannt sich zugleich: Legen Sie sich zehn Minuten gemeinsam aufs große Trampolin oder eine Wiese und betrachten Sie die Wolkenformen, oder Sie lauschen einfach dem Summen der Insekten und dem Vogelgezwitscher. Auch Kerzenschein verströmt Ruhe, wenn dabei vorgelesen oder ein Gesellschaftsspiel gemacht wird. Oder kuscheln Sie mit dem Nachwuchs bei einer abendlichen Lesezeit auf dem Sofa. Basteln Sie gemeinsam, bewundern den Adventskranz beim Nüsseknacken und Äpfelschälen. Lauschen Sie zusammen einem Hörbuch oder malen Sie ein Familien-Bild mit Buntstiften.

Auf solchen kleinen Ruheinseln lässt sich neue Kraft schöpfen. Vor allem bieten sie die Chance zur Nähe und zum Erleben von Zugehörigkeit. Sie verströmen das Gefühl von Zeitlosigkeit, Muße und Zuhören. Vielleicht erzählt Ihr Kind spontan, wie es im Moment mit Freunden und Freundinnen zurechtkommt, wie die Situation in der Schule ist, welche Träume es hegt und ob es sich insgesamt wohlfühlt.

Auf solchen Ruheinseln sitzen Eltern und Kind für eine Weile abgeschieden vom täglichen Stress, spürend, dass sie zusammengehören. Eine Art Tankstelle, um den Alltagstrubel zu bewältigen.

DEINS UND MEINS

Den Besitz anderer respektieren

ES GIBT KINDER, die ziehen in fremden Wohnungen Schubladen auf oder essen dort aus dem Osternest, ohne um Erlaubnis zu fragen. Einige Jahre später sind es womöglich dieselben, die aus dem Etui der Mitschülerin unerlaubt Buntstifte nehmen, beim Freund einfach eine CD einstecken oder sich bei Mamas T-Shirts bedienen. Deins und Meins sind verschiedene Sachen. Diese Grenze zu respektieren ist nötig, um nicht anzuecken – lange bevor man von Diebstahl spricht. Ein Kind lernt dies am besten von klein auf. Deshalb sollte es heißen: »Hände weg! Das sind fremde Schubladen, die sind für dich tabu.« Oder: »Leg das zurück! Du musst fragen, ob du etwas nehmen darfst.«

Wie ein Kind sich in fremder Umgebung verhält, hängt auch von den Gepflogenheiten zu Hause ab. Zwar sind in der Familie Brot, Seife und vieles mehr Allgemeingüter, doch hat jeder seine eigenen Bereiche und Dinge, die nur ihm gehören. Halten Sie Ihr Kind an, zu fragen, bevor es von Ihnen oder seinen Geschwistern etwas nimmt, ob es sich dabei um die Lieblings-CD der Schwester oder um Ihre Künstler-Farbkreiden handelt. Lernt ein Kind das »Erst fragen!« als Kleinkind nicht, müssen Eltern sich nicht wundern, wenn es sich später ganz selbstverständlich an ihrer Geldbörse bedient.

Logisch, dass Eltern als gute Vorbilder vorangehen. Fragen Sie Ihr Kind, bevor Sie seine Stifte oder ein Stück von seiner Schokolade nehmen. Halten sich daheim alle an die Regel, fällt es in der Gemeinschaft mit anderen umso leichter.

GELIEHENES ZURÜCK!

Ein Kind beginnt im Kindergartenalter zu verstehen, dass »deins« nicht »meins« ist. Bald darauf begreift es außerdem, dass sich manches auf Zeit nutzen lässt: »Leihst du mir das?« Liegt ein Fremdteil länger als drei Tage bei Ihnen, drängen Sie darauf, dass Ihr Sprössling es zurückbringt: Die Rückgabe ist längst nicht für alle Menschen selbstverständlich. Es gibt Bücher, Klappkisten und Werkzeuge, die gutwillig ausgeliehen wurden – auf Nimmerwiedersehen. Bei manchen Leuten läuft man seinen Sachen hinterher und muss noch betteln, sie zurückzuerhalten. Machen Sie Ihrem Kind klar, dass solches Verhalten für Sie indiskutabel ist. Lernen muss es mit Ihrer Hilfe, dass es das Geliehene bald zurückgibt. Denn wer Verliehenes nicht zurückbekommt, wird künftig seine Hilfsbereitschaft einschränken.

Damit andere Ihrem Kind gern etwas borgen, sagen Sie ihm von klein auf, dass es Ehrensache ist, solche Dinge in angemessener Zeit zurückzugeben. Als Vorbild sind Sie der beste Lehrmeister. Außerdem üben Sie dieses Verhalten auch ein, wenn Sie innerfamiliär darauf achten. Schenken Sie Ihrem Kind einen Euro, ist das eine Sache. Leihen Sie ihm das Geld, ist das etwas anderes – dann sollten Sie auf Rückgabe bestehen.

Ob etwas wertvoll ist oder nicht, spielt fürs Zurückgeben keine Rolle. Es geht hier ums Prinzip. Zumal das, was jemand als geringwertig einstuft und glaubt behalten zu können, für den Verleiher womöglich eine hohe Bedeutung hat. Wer möchte zum Beispiel seine Rassel aus Babytagen nicht zurückerhalten, wenn er sie ausgeliehen hat?

Übrigens: Falls Sie fremde Sachen bei Ihrem Nachwuchs entdecken, fragen Sie mal nach, woher diese stammen. »Das hat der Ben mir geschenkt!«, heißt es womöglich, was bei Haargummis oder einem Bleistift angehen mag, jedoch skeptisch stimmen sollte, wenn Ihr Kind dies von einer CD behauptet. Manchmal kommt durch Nachforschen heraus, dass das Stück in Wirklichkeit vom Eigentümer längst vermisst wird.

ALLEIN BLEIBEN ÜBEN

Vertraute Geräusche gegen die Stille

ELTERN SEHNEN OFT den Zeitpunkt herbei, an dem sie ihren Nachwuchs allein zu Hause lassen können. Kein Babysitter mehr, kein Transfer zu Oma und Opa. Endlich wieder spontan das Haus verlassen können! Diese Entwicklung verläuft bei Geschwistern meist schneller als beim Einzelkind, denn zusammen fühlt man sich stärker. In jedem Fall braucht sie Jahre, Geduld und Training. Zwingen Sie Ihrem Kind das Alleinsein nicht auf, denn sonst vermiesen Sie es ihm womöglich für lange Zeit. Es muss zustimmen und sich »groß« fühlen.

Am besten beginnen Sie im Grundschulalter mit einer kleinen Zeitspanne. »Ich gehe zum Briefkasten, in 15 Minuten bin ich wieder da.« Sie können auf der Uhr zeigen, wo dann der große Zeiger stehen wird. Halten Sie die Zeit unbedingt ein. Wenn Ihr Kind sieht, dass Sie pünktlich wieder da sind, merkt es, dass auf Sie Verlass ist. Damit haben Sie einen Grundstein für die Zukunft gelegt (siehe Seite 32), und Ihr kleiner Haushüter wird der vorübergehenden Trennung beim nächsten Mal schon leichter zustimmen.

Nach und nach kann der Zeitraum des Alleinseins vergrößert werden. Wichtig: Besprechen Sie mit Ihrem Kind, was zu tun ist, sollte während Ihrer Abwesenheit ein Problem auftreten: »Wenn es ein Problem gibt, rufst du mich an.« Speichern Sie die Nummer zu Hause ein und üben Sie das Anrufen zusammen. Auch gut: »Wenn was ist, ruf Oma an.«

Abends allein zu Hause bleiben ist schwieriger als tagsüber und wird vielleicht erst in der weiterführenden Schule möglich. Das Dunkel schürt Ängste. Zumal man in der Abendruhe Geräusche stärker wahrnimmt, sodass ein Knacken im Gebälk aufschrecken und an Einbrecher oder andere Gefahren denken lässt. Es hilft dem jungen Wohnungshüter, wenn die Geräusche übertönt werden: Erlauben Sie ihm deshalb ruhig, eine nette, gemeinsam ausgewählte Fernsehsendung oder DVD anzusehen (nichts Gruseliges!), Musik oder Hörbuch zu hören. CDs und Kassetten eignen sich besonders, wenn für Ihr Kind Schlafenszeit ist: »Erzähl mir morgen, wie weit du die Geschichte gehört hast!«, können Sie sagen. Viel wird es nicht sein, denn das Lauschen auf die vertrauten Stimmen macht schläfrig.

ELTERN EXTRA

Gerechter Blick aufs Kind

Ein Kind schenkt seinen Eltern und den anderen Menschen in seiner Umgebung viel **Sonnenschein,** aber nicht ausschließlich. Mal missfallen bestimmte Verhaltensweisen des Sprösslings den Eltern oder anderen Erwachsenen, mal sind schwierige Situationen oder anstrengende Phasen zu meistern. Eltern sind auch nur Menschen, und deshalb können sie durchaus Wut auf ihr eigenes Kind empfinden oder pauschal schwarzsehen, was sein Verhalten betrifft. So kanzelt ein Vater seine Tochter vielleicht als »lahm« ab, wenn er wieder mal lange warten musste, bis sie bereit zum Aufbruch war. So etikettiert eine Mutter ihren Sohn möglicherweise als unzuverlässig, weil er das Brot aus der Stadt nicht wie vereinbart mitgebracht hat. Wer merkt, dass er bei solchen Dingen schnell ein **pauschales Urteil** fällt, sollte Folgendes versuchen, um zu einem gerechten Blick auf den Sprössling zurückzufinden: Formulieren Sie Ihre Einschätzung einmal bewusst für sich selbst als Aussagesatz. Also: »Meine Tochter ist eine Trantüte« oder »Mein Sohn ist total unzuverlässig«. Nun überprüfen Sie den Wahrheitsgehalt dieser Aussage: **Stimmt das wirklich so?** Meist trifft es längst nicht für alle Bereiche und Situationen zu. Nun formulieren Sie das Gegenteil als Aussage: »Meine Tochter ist schnell wie der Blitz« oder »Mein Sohn ist absolut zuverlässig«. Auch das stimmt meist nicht in dieser Allgemeingültigkeit. Die Wahrheit liegt also irgendwo dazwischen. Vielleicht gestehen Sie sich ein, dass Ihre Tochter nur beim Abschied von ihren Freundinnen Ewigkeiten braucht, dass sie aber bei Hausarbeiten oder beim Tischdecken sehr fix ist. Der Sohn mag zwar ab und zu etwas vergessen, aber verabredete Zeiten hält er zuverlässig ein. Auf diese Weise bekommen Sie automatisch Abstand zur aktuellen Situation. Das stimmt versöhnlich und wird dem Kind auch gerechter.

»Schon wieder liegt die Jacke auf dem Boden!«, »Kann Marius nicht mal von sich aus den Tisch abräumen?« Wenn Eltern sich in solchen Details verstricken, kann es auch helfen, eine Strichliste zu führen. Manchmal stellen Eltern dann fest, dass die nervende Situation viel seltener passiert, als es ihnen vorkommt. Oder aber es sammeln sich so viele Striche an, dass sie eine markante Hilfe im Gespräch mit dem Kind sind.
Auch die »Vogelperspektive« kann helfen. Betrachten Sie Ihr Kind vom Himmel aus: Ist es gesund? Haben Sie gemeinsam Spaß? Zu welchen Gelegenheiten spüren Sie immer wieder ganz deutlich, dass es Ihr Leben bereichert? Was würden Sie vermissen, wenn es nicht da wäre? Dieser **Blick aufs Ganze** macht dankbar und rückt die Alltagskämpfchen wieder dahin, wo sie hingehören: auf die unteren Ränge der Wichtigkeitsskala.

TISCH & BETT

Gute Gewohnheiten, Regelmäßigkeit und feste Familienrituale sind beim Essen, Trinken und Schlafen das A und O, damit Ihr Kind und auch Sie selbst gut durch den Tag kommen. Neben leckeren Mahlzeiten und abendlichen Kuscheleinheiten sind es oft kleine Tricks, die den Alltag beflügeln und manchmal auch würzen.

»WAS BRINGT DER TAG?«

Beim Frühstück Pläne besprechen

JUNGFRÄULICH LIEGT AM MORGEN jeder Tag vor Eltern und Kindern. Doch schon bahnt sich bisweilen Streit über den Verlauf der nächsten Stunden an. Konfliktpotenzial ist dann vorhanden, wenn ein Termin nicht allen bekannt war und diejenigen überrascht, die mitbetroffen sind, oder wenn jemand ihn vergessen hat. Drängt Mama nach dem Mittagessen zum Aufbruch, weil der Zahnarzt wartet, sorgt es für Ärger, wenn's Kind davon nichts (mehr) weiß und sich aufs Spielen gefreut hat. Ein Weg, das zu vermeiden, ist, beim Frühstück zu fragen: »Was bringt der Tag?« In Kurzform tut jeder kund, was bei ihm anliegt. Vielleicht erklärt die Tochter: »Nach den Hausaufgaben will Damla zu mir kommen.« Papa sagt: »Ich sehe das erste Mal den neuen Auszubildenden, und heute Abend möchte ich mit euch Karten spielen.« Mama erinnert daran, die Büchereibücher abzugeben. Ein solches Ritual vermeidet Frust und fördert das Anteilnehmen.

SPIELERISCH FÖRDERN 11

SICH IM VEREIN ERPROBEN

Stolz steht der Knirps am Mikrofon, zielstrebig fegt die Fußballerin über den Platz: Vereine bieten Kindern die Möglichkeit, gemeinsam ihre Fähigkeiten zu erproben und weiterzuentwickeln, bei Tischtennis, Tanzen, Karate, Chor, Naturschutzgruppe. Im Mal- oder Musikschulkurs kann Ihr Kind seine Talente einbringen. Wettkämpfe, Turniere und Bühnenauftritte vor »echtem« Publikum sorgen für Nervenkitzel – jenseits von den Schonräumen Zuhause, Kita oder Schule. Steht am Ende das wunderbare Gefühl, etwas geschafft zu haben, und donnert der Applaus, ist das die beste Motivation für weiteres Engagement.

»DEIN KÖRPER BRAUCHT DAS«

Essen ist Lebensprinzip

SELBST WENN EIN KIND MAG, was ihm an Essen oder Trinken vorgesetzt wird, lehnt es dies manchmal plötzlich ab. »Darauf habe ich keine Lust« oder »Ich hab keinen Durst«, kann es dann heißen. Im Prinzip sollten Eltern diesen »Tagesappetit« akzeptieren. Manchmal ist es aber stattdessen wichtig, das Ess- und Trinkverhalten des Sprösslings zu beeinflussen. Zum Beispiel wenn er an einem Tag zu wenig getrunken hat (siehe folgendes Rezept) oder weil ein wichtiger Ernährungsbaustein ins Hintertreffen gerät, etwa Gemüse oder Obst. Versuchen Sie in diesen Fällen nicht, ein widerspenstiges Kind mit Beteuerungen wie »Das schmeckt doch so gut« umzustimmen, denn Sie können Ihre Vorlieben nicht auf Ihr Kind übertragen. Argumentieren Sie eher objektiv, indem Sie sagen: »Dein Körper braucht das.« Begründen Sie dies auch. So können Sie zum Beispiel bei Gemüse erklären, dass es Vitamin C enthält, das auf die Körperpolizei, die weißen Blutkörperchen, wie Sprit wirkt, weil es sie beim »Fangen« der Bakterien beweglich hält. Erzählen Sie, dass dies »Die Sendung mit der Maus« eindrucksvoll gezeigt hat. Wenn Sie die »Maus« als neutrale Instanz ins Spiel bringen, steht nicht länger Ihr Wille gegen den Ihres Sprösslings – und es fällt ihm leichter, einzulenken.

So lernt Ihr Kind etwas ganz Entscheidendes: Essen und Trinken beruhen nicht vorrangig auf dem Lust-, sondern auf dem Überlebensprinzip. Natürlich hat jeder seine Vorlieben, aber jeder sollte auch weniger Geliebtes mal essen, sofern nicht eine handfeste Abneigung besteht. Essen ist kein Spiel, kein Machtmittel und nichts, was ein Kind nur zu sich nimmt, wenn es Lust dazu hat. Mag es beispielsweise Wirsing ungern, sollte es davon wenigstens einen Löffel voll essen. Am nächsten Tag kann es ja wieder einen Gemüse-Favoriten geben.

Das Vorschulkind Klaus war ein cleveres Bürschchen und machte sich die Argumente seiner Eltern zunutze. Als seine Mutter ihn beim Lutschen von Zuckerwürfeln überraschte, erklärte er ernst: »Das braucht mein Körper!«

GETRÄNK HINSTELLEN

Gewohnheit fördert das Trinken

MANCHE KINDER, speziell Mädchen, haben ein geringes Trinkbedürfnis. Werden sie gefragt »Was willst du trinken?«, heißt es oft »Nichts«. Oder vorsichtig: »Was gibt es denn?« Lautet die Antwort »Wasser« oder »Tee«, finden Kinder das oft unattraktiv und sagen: »Dann trinke ich nichts.« Das führt zu Diskussionen. Um ihnen vorzubeugen und für genug Flüssigkeit zu sorgen, stellen Sie Ihrem Kind von klein auf bei jeder Mahlzeit ein volles Glas neben den Teller, idealerweise mit Wasser oder ungesüßtem Tee gefüllt, ganz kalorienfrei. Meine Tochter hat das Glas, obwohl sie zuvor »Ich habe keinen Durst« verkündet hatte, meist ausgetrunken, vielleicht aus Gewohnheit. Einem älteren Kind können Sie nach der Devise »Dein Körper braucht das« (siehe Seite 79) erklären, dass sein Körper zu mehr als achtzig Prozent aus Wasser besteht und stetig Nachschub braucht, um nicht auszutrocknen. Zur Abwechslung von reinem Wasser und Tee können Sie ins Glas auch Zitronenscheiben, frische Minzblättchen und ein paar Eiswürfel geben.

PROTEST IGNORIEREN

Das Mittagessen bestimmen Sie!

KOMMT EIN SCHULKIND NACH HAUSE, ruft es manchmal schon im selben Augenblick, in dem es den Schulranzen in die Ecke pfeffert: »Was gibt's zu essen?« Antwortet Mama indifferent »Mal sehen, was noch im Kühlschrank ist« oder lässt sie ihr Kind mitentscheiden, ist es kein Wunder, wenn es andere Vorstellungen vom Mittagessen entwickelt als sie. Diese liegen oft weit weg von Rosenkohl, Fischfilet oder Pellkartoffeln mit Salat.

Speziell wenn die Pubertät naht und das Kind schon mal Abnabeln und Protest übt, können die Eltern oft kaum mit irgendeinem Speisevorschlag punkten.

Um Auseinandersetzungen auszuweichen, können Sie den Nachwuchs vor vollendete Tatsachen stellen: Kommt er nach Hause, brutzelt das Essen bereits auf dem Herd. Ansonsten – speziell wenn Sie im Beisein des Kindes kochen – bleiben Sie auch gegen Protest bei Ihren Menüplänen. Zeigen Sie sich von Nörgeln unbeeindruckt. Kommen Sie Ihrem Kind höchstens bei Details wie der Wahl der Nudelsorte entgegen. Meine Tochter fand dann meist doch lecker, was auf den Teller kam. Sie hatte sich das konkrete Gericht vielleicht nicht vorstellen können, hatte Heißhunger auf anderes gehabt – oder etwas Protest musste einfach sein.

Weigert sich Ihr Kind tatsächlich, zu essen, was auf dem Tisch steht, bieten Sie ihm zum Sattessen einfach die Kartoffeln, den Reis oder die Nudeln pur an oder notfalls ein Butterbrot.

»ERST RUNTERSCHLUCKEN!«

Mit vollem Mund spricht man nicht?

BEI GEMEINSAMEN MAHLZEITEN können die Familienmitglieder über das reden, was sie bewegt und was sie erlebt haben. Je kleiner ein Kind ist, desto schwerer fällt es ihm, sich zu gedulden, bis es fertig gekaut hat. Legen Sie die alte Benimmregel »Mit vollem Mund spricht man nicht« daher nicht allzu streng aus. Wenn der Junior bei Tisch mitreden will, kann er nicht immer warten, bis er seinen Bissen durchgekaut und heruntergeschluckt hat, da bis dahin das Gespräch womöglich eine ganz andere Wendung genommen hat. Andererseits sieht es unschön aus und hört sich nicht gut an, wenn ein Sprecher seinen Mund voll Speisebrei hat. Außerdem kann Reden mit vollem Mund tatsächlich gefährlich werden, wenn etwas in die Luftröhre gerät und sie verstopft.

Die goldene Mitte ist sinnvoll. Als Richtschnur für den Nachwuchs können Sie angeben, dass der Mund beim Zuwortmelden höchstens halb voll sein sollte: »Sage, dass du den Bissen gerade zu Ende kauen und runterschlucken willst. Danach kannst du in Ruhe erzählen.« Achten Sie auch mal darauf, ob Ihr Kind sich nicht zu viel in den Mund stopft.

HILFSMITTEL »AUSSTECHFORM«

Herzchen schmecken doppelt gut

»IMMER BROT«, nölt beim Abendessen manches Kind. Überraschen Sie es doch mal mit Brothäppchen in Herz- oder Sternform, einfach herzustellen mit Plätzchen-Ausstechformen. Auch Käse kann so eine neue Gestalt erhalten. Das Ganze lässt sich dann schön mit Gurken-, Möhren- oder Radieschenschnitzen garnieren. Vorteil für Sie: Darf Ihr Kind beim Vorbereiten helfen, schmeckt es ihm sicher noch mal so gut.

AUS TAUSENDUNDEINER NACHT

… klingt besser als Resteessen

SPEZIELL WENN BEIDE ELTERN berufstätig sind, ist es oft eine Herausforderung, eine selbst zubereitete warme Mahlzeit auf den Tisch zu zaubern, auch wenn es Schnellkochtöpfe sowie viele Rezepte gibt, die sich in 30 Minuten zubereiten lassen. Wer den Kochalltag entstressen will, arbeitet mit Resten: Am Montag übrig gebliebene gegarte Kartoffeln lassen sich am Dienstag als Bratkartoffeln kredenzen. Reste von Reis, Nudeln oder Klößen werden knusprig gebraten, was Kinder sehr schätzen, übrige Pfannkuchen kommen in die Suppe. Oder Sie kochen extra mehr, zum Beispiel so viel Bolognesesoße, dass die Hälfte anderntags zu Lasagne verarbeitet werden kann.

Manchmal lassen sich mehrere Reste auch kunterbunt zusammenmixen. Doch statt »Reste« antworten Sie auf die Frage »Was gibt es heute?« mit einer appetitanregenden Formulierung: Reis, Erbsen und Fleischwurst verwandeln sich aufgewärmt zu »Risibisi«, aus Nudeln, Tomatensauce und Paprikagemüse wird mit exotischen Gewürzen eine »Speise aus tausendundeiner Nacht«.

SCHINKEN EINRITZEN

Dann lässt er sich besser abbeißen

ROHER, GERÄUCHERTER SCHINKEN ist nicht so fett wie Wurst und enthält keine künstlichen Zusatzstoffe. Kleine Kinder lehnen ihn als Brotbelag aber oft ab, weil er sich schlecht abbeißen lässt: Mit dem ersten Bissen wird häufig die gesamte Schinkenscheibe vom Brot gezogen, und das »nackte« Restbrot ist wenig attraktiv. Streich- und Fleischwurst sowie weiche Salami liegen deshalb beim Nachwuchs hoch im Kurs. Möchten Sie ihm Schinken dennoch schmackhaft machen, belegen Sie dafür das Brot mit einer Scheibe Schinken und schneiden diese mit einem scharfen Messer kreuz und quer ein. So kann Ihr Kind leichter abbeißen. Alternativ können Sie den Schinken extra klein schneiden und die Schnipsel auf der Schnitte verteilen.

TUCH STATT LÄTZCHEN

Kleine Anti-Klecker-Hilfe I

IRGENDWANN IST DAS LÄTZCHEN-ALTER vorbei. Das bedeutet allerdings nicht, dass nun manierlich gegessen wird. Auch ein Schulkind verkalkuliert sich bei Tisch noch so, dass es spritzt, nimmt die Finger zu Hilfe oder wischt mit dem Ärmelbündchen die Soße von der Tellerkante. Da ein Lätzchen für »Große« uncool ist, muss ein akzeptabler Nachfolger her. Geeignet sind Papierservietten, die griffbereit auf dem Tisch liegen. Preiswerter und umweltschonender sind Stoffservietten, die allerdings gebügelt werden müssen. Die praktischste Lösung: ein kleines Handtuch. Es hängt bei den Mahlzeiten griffbereit am Stuhl – zum Säubern, Schützen, Wischen. Meine Tochter hat mir ihr Tuch übrigens bei Bedarf ab und zu bei Tisch geliehen …

SPAGHETTI-HEMD

Kleine Antikleckerhilfe

HEISS GELIEBT VON JEDEM KIND, aber nicht immer von Waschfee Mama: Spaghetti und besonders Makkaroni. Die langen Nudeln, die sich genüsslich in den Mund saugen lassen, sorgen im Nu für Soßenspuren auf der Kleidung und damit oft auch für Ermahnungen. Das nervt Groß und Klein. Das Essen wird wesentlich entspannter und bekommt einen speziellen Reiz, wenn Sie ein »Spaghetti-Hemd« einführen. Dafür eignet sich besonders ein altes Hemd oder T-Shirt von Papa, das Ihr Kind einfach über seine Kleidung zieht. Ist der Hunger gestillt, kann anhand der Soßenspritzer Bilanz gezogen werden: »Oh, heute ist das Hemd ja fast weiß geblieben! Vielleicht brauchst du es ja bald gar nicht mehr.«

Im Hochsommer lässt sich das Spaghettiessen aber auch anders entstressen: Lassen Sie Ihr Schleckermäulchen einfach mal mit nacktem Oberkörper zu Tisch!

KOMPROMISS TISCHMUSIK

Wartezeit musikalisch überbrücken

WÄHREND MANCHE KINDER den Teller im Schneckentempo leeren, sind andere in null Komma nichts fertig. Für sie ist das Ausharren am leeren Teller, bis alle fertig gegessen haben, eine harte Geduldsprobe. Oft genug wird es dies auch für die Eltern, denn die Langeweile des Sprösslings mündet schnell in Quengelei. Trotzdem wollen Mama und Papa nicht, dass ihr Kind mit dem letzten Bissen die Gabel hinwirft und verschwindet.

Wenn Ihr Kind ein Musikinstrument spielt (und schon einige kleine Stücke beherrscht), gibt es einen guten Mittelweg.

Bieten Sie Ihrem Unruhegeist an: »Okay, du darfst aufstehen, wenn du für uns ein bisschen Tischmusik machst.« Wenn Ihr Kind den Vorschlag annimmt, schlagen Sie gleich vier Fliegen mit einer Klappe: Das Quengeln hört auf, Sie essen in Ruhe mit Musik im Hintergrund zu Ende, sind trotzdem konsequent geblieben – und Ihr Kind übt sich auf seinem Instrument. Selbstverständlich wird bei live gespielter Tischmusik zugehört und höchstens mal geflüstert. Diese Wertschätzung seiner musikalischen Anstrengung tut Ihrem Kind gut.

»NUR EINS!«

Oder eins für jede Hand

FÜLLE IST VERFÜHRERISCH. Aus meiner eigenen Kindheit ist beispielsweise überliefert: Ich ließ mich von Schokolade derart verlocken, dass ich eines Tages mit vollen Händen und vollgestopftem Mund dastand.

Aber wie viel soll ein kleiner Wicht sich denn nun von Bonbons, Keksen oder Nüssen, die verführerisch in einer Schale dargeboten werden, nehmen dürfen? Zumal er lernen soll, dass nicht alles Angebotene allein für ihn gedacht ist. Wer mit der ganzen Hand in eine dargebotene Schale Nüsse greift, erntet kaum Sympathie. Bescheidenheit ist immer noch ein Wert, mit dem man im Leben punktet.

Mit einer einfachen Regel können Sie dem Nachwuchs von klein auf Orientierung geben: »Nur eins!« Sagen Sie die magischen Worte mit mahnendem Blick, wenn Sie sehen, dass die kleine Hand bereits tief in die Fülle der Erdnüsse, Lollis, Bonbons oder Kekse eintaucht. Lächeln Sie anerkennend, wenn Ihre Botschaft angekommen ist und umgesetzt wird.

Wenn Sie mal etwas großzügiger sein wollen, können Sie die Aufforderung variieren und sagen: »Eins für jede Hand!« Das ist ebenfalls ein wirkungsvoller Kniff, denn es führt zu weniger Bettelei nach mehr, als wenn Sie »Nur zwei!« sagen. Denn wo zwei erlaubt sind, könnten ja auch drei möglich werden, ahnt und hofft das Kind. Dagegen hat es nur zwei Hände – eine logische Begrenzung der Möglichkeiten, auch aus Kindersicht. »Eins für jede Hand« kann so zu einer schnell akzeptierten Regel werden.

KUNST DES TEILENS

Im Wechsel wird es immer besser

DIE SITUATION KENNT JEDER: Nur ein Kuchenstück oder Fleischbällchen ist übrig, und zwei Kinder wollen es haben. »Teilt es euch!«, sagen die Erwachsenen. Das »Aus eins mach zwei« allein hinzukriegen müssen Kinder aber erst noch lernen. Das erfordert Übung und – wenn es auch ohne einen Erwachsenen als »Richter« gerecht sein soll – Fingerspitzengefühl. Mit einem einfachen Kniff können Sie Ihrem Kind dabei helfen, das Teilen zu üben: Führen Sie die Regel ein, dass ein Kind aufteilt und das andere als Erstes ein Stück oder eine Portion nimmt. Beim nächsten Mal werden die Rollen getauscht. Vermutlich machen Sie so dieselbe Erfahrung wie Astrid mit ihren Söhnen: »Heraus kommen meist zwei fast identische Stücke.«

NULL TV NACH 19 UHR

Für ruhigen Schlaf

DAS »SANDMÄNNCHEN« ist ein Dauerbrenner im Fernsehprogramm und ein markanter Ins-Bett-Bringer. Doch oft kämpfen Eltern gegen das Quengeln des Nachwuchses, »noch ein klein bisschen länger gucken« zu dürfen. Es lohnt sich aber, hart zu bleiben. Denn das »Sandmännchen« kommt als Flimmerkisten-Schlusspunkt genau zur richtigen Zeit. Das belegt eine Studie aus den USA mit drei- bis fünfjährigen Kindern. Demnach führt ein Fernsehkonsum nach 19 Uhr bei Kindern sehr häufig zu Schlafproblemen: Sie können nicht einschlafen, haben Albträume oder wachen wieder auf. Der so entstehende Schlafmangel kann zu Verhaltensstörungen und Lernproblemen führen. Gestört wird die Nachtruhe nach 19 Uhr zum einen durch gewaltbetonte Szenen, die zu dieser Sendezeit in Filmen, Nachrichtensendungen und Zeichentrickserien gehäuft auftauchen. Zum anderen können Kinder bis fünf Jahre zwischen Fiktion und Realität nicht unterscheiden, weshalb Filmdetails ihnen den Schlaf rauben: Merkwürdige Kleidung, ein seltsamer Bart, bedrohliche Musik oder geheimnisvolle Atmosphäre beunruhigen und beschäftigen das Kind im Bett. Bei Sendungen über Tag, sofern gewaltfrei, konnten die Forscher keine solchen Auswirkungen erkennen.

Wenn Sie wollen, dass Ihr Kind gut schläft, lassen Sie das Fernsehgerät abends aus, oder halten Sie Ihren Liebling außer Sicht- und Hörweite. Am besten schläft Ihr Kind übrigens ein und durch mit vertrauten Zubettgehritualen wie Vorlesen und kurzem Kuscheln.

Die Mutter eines Grundschülers erzählte mir bedauernd, dass die Krimiserie »Miami Vice« auf einen späteren Sendeplatz verlegt worden sei. Ihr Sohn gucke das so gern. Aber, setzte sie hinzu, sie nehme die Folgen jetzt auf, dann könne er sie anderntags schauen. Ich kannte die Serie nicht und schaltete die nächste Folge aus Neugier ein. In den ersten paar Minuten gab es drei Tote. Ich schaltete ab und fragte mich, wie es dem Jungen damit ging.

»DEIN BETT RUFT!«

Kleine Animation fürs Zubettgehen

WENN'S ZEIT IST, den Tag zu beenden und ins Bett zu gehen, sagen Mütter Dinge wie: »Schlafenszeit!«, »Ab in die Federn!« oder »Zeit, ins Bett zu gehen«. Immer ist es eine Anordnung, die den Sprössling auf Konfrontationskurs bringen kann nach dem Motto »Du willst dies, ich aber das«. Versuchen Sie zwischendurch eine andere Taktik, bei der Sie scheinbar außen vor bleiben. Stellen Sie plötzlich lauschend fest: »Horch mal! Dein Bett ruft!« Lassen Sie sodann mit verstellter Stimme leise ein »Svenjaaa« erschallen. Diesem Ruf folgt die kleine Schlafmütze meist lieber als der elterlichen Aufforderung. Manchmal hört man sogar ein beflissenes »Ich komme schon!«.

AUFBLEIBEN IN SPE

Zukunftsvision stimmt versöhnlich

»ICH WILL NOCH AUFBLEIBEN!« Das hören früher oder später alle Eltern, ebenso »Wann darf ich so lange aufbleiben wie ihr?«. Es ist für Kinder höchst interessant, was Mama und Papa oder ältere Geschwister noch so alles machen, wenn sie nach dem Gutenachtsagen das Kinderzimmer verlassen. Nach Kinderlogik gilt: »Wir machen so viel zusammen, warum nicht auch am späten Abend?« Natürlich können Mama und Papa argumentieren, dass ausreichend Schlaf wichtig ist und anderntags früh aufgestanden wird, aber ihr Kind fühlt sich dabei in seinem Wunsch nicht verstanden. Signalisieren Sie lieber: Ich verstehe dich. Dein Wunsch ist okay. Trotzdem geht er jetzt nicht in Erfüllung. »Wenn du achtzehn bist, kannst du aufbleiben, so lange du willst.« Mit diesem Ausblick in die weit entfernte Zukunft stimmen Sie versöhnlich, da der Wunsch nur verschoben statt abgelehnt wird. Quengelt Ihr Kind jeden Abend aufs Neue, können Sie ein Exempel statuieren: Lassen Sie es aufbleiben, ohne sich groß um es zu kümmern. Halten Sie es wach, wenn ihm die Augen zufallen. Nach zwei, drei solchen Abenden erkennt es wahrscheinlich, dass es nichts verpasst, und ist froh, wieder zeitig in sein Bett zu können.

SPIELERISCH FÖRDERN 12

ORTE VERLASSEN WIE VORGEFUNDEN

Wer findet gern eine Toilette ohne Papier vor, einen Esstisch voller Wasserfarben? Räumen Sie Ihrem Kind nicht hinterher, sondern ziehen Sie es zur Verantwortung: »Nicht abhauen! Jetzt räumst du erst deine Bastelsachen weg.« Sorgen Sie dafür, dass es den Telefonhörer wieder auflegt, das Licht ausschaltet, beim Lüften die Heizung abdreht. Vergisst es so etwas, lassen Sie es ruhig noch mal zurücklaufen. Auf diese Weise schulen Sie das soziale Miteinander.

SICH GESUND SCHLAFEN

Das tut Körper und Seele gut

ABENDS WIE EIN STEIN IN DIE FEDERN sinken, morgens frisch und mit neuen Kräften wieder aufwachen – dann klappt das Lernen, das Fußballspielen, Tanzen, Klettern oder Klavierspielen noch mal so gut. Es ist von Vorteil, wenn der Nachwuchs früh den Zusammenhang zwischen genügend Schlaf und Wohlbefinden begreift. Das können Sie im Gespräch veranschaulichen: »Dann bist du fit und kannst toll Fußball spielen« oder »Gut ausgeruht wirst du die Klassenarbeit leichter schreiben.« Müde Kinder sind wie »lahme Enten«: Ihnen fällt Konzentration schwer, ihre Nerven liegen schnell blank, oft reagieren sie aggressiv. Manchmal übergeben sie sich aus Müdigkeit, wie meine sechsjährige Tochter nach der Grundschul-Lesenacht, in der sie kaum geschlafen hatte, oder nach einer fast schlaflosen Nacht in aufgeregter Erwartung vor Heiligabend.

Prima ist, wenn Ihr Kind außerdem die heilsame Wirkung des Schlafs kennt. »Schlaf dich gesund« ist ein ebenso einfacher wie tröstlicher Rat, den Sie Ihrem Kind geben können. Er hilft nicht nur bei Fieber und Erkältung, sondern auch, wenn Ihr Kind mal mit dem falschen Fuß aufgestanden ist und einen blöden Tag hatte, an dem etwas schieflief oder es sich mit dem besten Freund gestritten hat. Deshalb sagt auch der Volksmund: »Schlaf erst einmal eine Nacht drüber.« Meine Tochter war, wenn sie nach dem Erbrechen ausgiebig geschlafen hatte, stets wieder fit. Sie wendet dieses Rezept inzwischen auch selbstständig an, sogar vorbeugend, wenn der nächste Tag anstrengend oder die nächste Nacht womöglich kurz wird.

Leonie sah in der Schulpause blass aus. »Bist du müde?«, fragte ich die Siebenjährige. »Ja«, krächzte sie. »Du hast auch eine Erkältung, oder?« Sie nickte und meinte: »Ich mache heute Nachmittag vielleicht ein Nickerchen.« »Das ist eine gute Idee«, lobte ich, »und früh ins Bett! Schlafen ist dann das Beste.« Die Kleine lächelte wissend: »Wir schlafen uns immer gesund.«

NACHTS IST KEINE ESSENSZEIT

Keinen »Nahrungswecker« schaffen

MIT AUSDAUER UND GEDULD trainiert jede Mutter ihrem Baby zur gegebenen Zeit die nächtlichen Still- oder Fläschchenmahlzeiten ab. Auch aus verständlichem Eigennutz, schließlich möchten die Eltern wieder durchschlafen. Umso erstaunlicher ist es, dass manche Eltern in späteren Jahren den mühevoll erarbeiteten Erfolg leichtfertig wieder aus der Hand geben: nämlich dann, wenn sie ihrem Kind nachts einen Snack oder ein Getränk erlauben. Beides ist unnötig, ebenso wie die Trinkflasche mit Wasser neben dem Bett (einmal abgesehen von besonders heißen Sommernächten oder bei Fieber, da wird eine Extraportion Flüssigkeit zur Ausnahme von der Regel).

Wer jedoch eine Trinkflasche neben dem Bett stehen sieht oder sogar ein essbares Betthupferl erhält, dem wird suggeriert, nächtliche Nahrungsaufnahme sei normal. Ein Kind gewöhnt sich auf diese Weise womöglich genau das wieder an, was ihm als Baby mühsam abtrainiert wurde: die nächtliche Nahrungsaufnahme.

Der Körper ist ein »Gewohnheitstier«: Werden ihm öfter zu ähnlicher Zeit Essen oder Trinken zugeführt, fordert er es bald zur betreffenden Uhrzeit ein. Hunger oder Durst funktionieren dann wie ein Wecker, auch mitten in der Nacht. Außerdem attackieren die Inhaltsstoffe von Saft, Milch, Reiswaffeln, Zwieback oder süßem Tee in den restlichen Schlafstunden die Zähne. Denn welches Kind putzt sich seine Beißerchen nachts noch mal?

Die Gewohnheiten der Jugend, daran sollten Eltern immer denken, wirken oft lange nach, so wie bei Hans: Zu meiner Studienzeit lernte ich ihn als Mitstudenten kennen. Er aß jede Nacht ein Joghurt, weil seine Mutter ihm in seiner Kindheit immer eins ans Bett gestellt hatte. Täglich weckte ihn nun mitten in der Nacht der Hunger ...

Wenn Ihr Kind mit Durst oder Hunger wach wird, sollte es wissen: Ich kann ins Bad gehen und mit dem Zahnputzbecher Wasser trinken, das stillt auch den Hunger vorübergehend. Außerdem ist es fürs Gebiss unschädlich und vor allem für das Kind so unattraktiv, dass es nur aus den warmen Federn schlüpft, wenn es wirklich echten Durst hat.

ELTERN EXTRA

Zweites Kind ganz anders

»So eins müssen wir auch noch haben«, hatte meine Tochter als Dreikäsehoch gefordert (siehe Seite 28) – und damit ein Baby gemeint. Auch später in der Grundschule ließ das Thema Geschwisterchen sie nicht los. Als sogenannte Freundebücher kursierten, in die sie ihre Lieblingsfarbe, besondere Merkmale, favorisierte Bücher und Sänger eintragen sollte, schrieb sie bei »Mein größter Wunsch« lange Zeit: **»Eine Schwester.«**
Für die meisten Kinder sind Geschwister das Größte, doch nicht immer erfüllen Eltern diesen Wunsch, zum Beispiel aus medizinischen Gründen oder aufgrund beruflicher Überlegungen. Manchmal, etwa wenn ihr Erstgeborenes hyperaktiv ist oder als Säugling viel geschrien hat, kann auch die Angst vor einem »Doppelgänger« eine Rolle spielen. Doch diese Angst, das wissen alle Familien mit mehreren Kindern, ist unbegründet. Denn jeder Mensch ist einzigartig, **ein Unikat.** Fast immer ist das zweite Kind völlig anders als das erste. Hinzu kommt: Meistens ist es das erste Kind, das schlecht schläft, viel schreit oder auf andere Art die Nerven beansprucht – denn bei seiner Geburt sind Mama und Papa noch unerfahren und unsicher oder haben zu hohe Erwartungen. Das alles spürt schon ein Säugling – und ist dann ebenfalls alles andere als relaxt. Das zweite Kind ist meist viel entspannter, denn es profitiert von der Routine und **größeren Gelassenheit** seiner Erzeuger.
Ein Beispiel: Julius schlief als Baby schlecht und nickte nachts nach dem Stillen nicht wieder ein, sondern brüllte los, sobald seine Mutter ihn in sein Bettchen zurücklegte. Oft saß auch der Papa eine Stunde lang mit Julius im Drehstuhl, bis der Kleine mithilfe der Nähe und sanften Bewegung endlich eingeschlafen war – und beim Hinlegen sofort wieder erwachte. Beinahe hätte diese Erfahrung dem Wunsch von Julius' Eltern nach einem zweiten Kind den Garaus gemacht. Doch das **Unvorstellbare** passierte: Der kleine Bruder Janus war völlig anders. Seine Eltern konnten ihn bereits am Tag der Geburt mit nach Hause nehmen, er wurde ins Bett gelegt – und schlief. Und so blieb es. Janus schlief problemlos ein, schlief schnell durch und war selbst dann im Bett zufrieden, wenn er wach war.
Wie viel Anteil an dieser Entwicklung das **unterschiedliche Temperament** der beiden Jungen hatte und wie viel das Verhalten der Eltern, lässt sich schwer sagen. Doch es macht Mut, als Eltern in jedem Kind eine Chance zu sehen, die Familie in einzigartiger Weise zu erweitern.

KÖRPER

Neben den inneren Werten will die äußere Hülle gepflegt und geschützt werden. Kinder streben auch hier nach Selbstständigkeit: bei der Kleiderwahl, beim Anziehen, beim Schuhkauf. Auch in Sachen Körperpflege haben sie eigene Vorstellungen. Mit einigen Anhaltspunkten können Sie dazu beitragen, dass Ihr Kind seinen eigenen Körper mag – und sich abgrenzt, wenn ihm jemand zu nahe kommt.

FREIE KLEIDERWAHL

Anziehen im Alleingang

BEGINNT DER NACHWUCHS, eigene Vorstellungen zu äußern, gibt es manchmal schon morgens Zoff in der Familie: beim Anziehen. Denn das Töchterlein will trotz Kälte unbedingt einen Rock anziehen oder den orangefarbenen Pulli zur lila Hose. Es ist ihm völlig schnuppe, dass Mama etwas erzählt von Wetter, Geschmack und sich beißenden Farben. Oder der Sohnemann besteht auf seinem geliebten Fußballtrikot, auf das er auch zu Opas Geburtstagsfeier nicht verzichten will. Schon startet die Familie streitend in den Tag.

Warum eigentlich? Sehen Sie die Kleiderwahl doch locker, solange Ihr Kind in puncto Temperatur nicht völlig danebenliegt (siehe auch Seite 95). Ich war manches Mal erstaunt, wie nett an meiner Tochter der kunterbunte Klamottenmix aussah, den ich selbst nie ausgesucht hätte.

Großzügigkeit bei der Kleidungswahl birgt noch einen weiteren Vorteil: Das Kind wertet sie als Zutrauen zu seiner Kompetenz. Das animiert es unter Umständen zum nächsten Schritt: sich ganz allein anzuziehen. Das beschert Ihnen weniger Arbeit, und Sie können obendrein stolz feststellen: Mein Kind kommt bei Freunden und im Kindergarten ohne mich klar.

Erzieherin Heidi fiel auf, dass ein Junge in ihrer Gruppe sich das T-Shirt nicht allein anziehen konnte. Das hielt zum einen den Kindergartenbetrieb auf, vor allem aber stand der Dreijährige vor den anderen Kindern als unfähig da. Heidi bat daraufhin die Eltern des Jungen zu einem Gespräch und erfuhr, dass der Vater das Problem mit dem Anziehen unfreiwillig gefördert hatte, indem er seinen Sohn hatte »schonen« wollen. Denn er erklärte seiner Frau, so oft der Filius das Selbstanziehen verweigerte: »Lass ihn doch. Das Kind soll noch Kind sein dürfen.« Dass er so dessen Entwicklung verhindert hatte, machte ihn betroffen.

JACKE ODER NICHT?

Wer mal friert, lernt meist dazu

ELTERN MÖCHTEN IHR KIND BESCHÜTZEN. Dabei meint es speziell manche Mutter zu gut: Ihr Liebling soll unter Hemd oder Kleid ein langärmeliges Shirt tragen, unter der Jeans eine Strumpfhose. Das ist in geheizten Wohnungen, Kitas und Schulen zu viel des Guten, weshalb sich manche Kleinen zur Wehr setzen. Ihnen ist meist viel wärmer als Erwachsenen, und sie frieren nicht so schnell, da sie sich mehr bewegen. Hauptsache, Hände und Füße fühlen sich warm an!

Speziell Jungs haben »Hitze«: Sie wollen im T-Shirt raus, wenn Mama den dicken Pulli angemessen findet. Es macht ihnen auch nichts aus, im November in kurzen Hosen Fußball zu spielen. Das ist biologisch begründet: Männer haben weniger Unterhautfettgewebe.

Vor allem aber gilt: Nichts ist so wertvoll wie das Lernen aus eigener Erfahrung. Lassen Sie Ihr Kind, wenn es partout ohne Jacke aus dem Haus will, doch einfach ohne sie laufen. Sagen Sie Ihre Meinung, aber billigen Sie dem Kind Eigenständigkeit zu: »Ich finde es zu kalt, nur mit Pulli draußen herumzulaufen. Aber wenn du meinst!« Bleibt das Kind stur, hat es entweder recht, oder es friert. Im letzteren Fall wird es nächstes Mal von sich aus brav zur Jacke greifen.

NOTFALLS IM NACHTHEMD

Ein eindrucksvolles Exempel statuieren

MANCHER MORGEN wird durch Stress beim Anziehen extrem hektisch. Das kann speziell dann Blüten treiben, wenn pünktlich das Haus verlassen werden muss, weil sonst die Kindergartentür abgeschlossen ist oder die Eltern zu spät zur Arbeit kommen. Niemand weiß, ob das Kind gegensteuert, weil es aus dem gemütlichen Schlafanzug nicht heraus möchte oder weil es morgendliche Hetze hasst.

Vielleicht hofft es auch, Tageslauf und Abschied von den Eltern aufhalten zu können. Egal warum es sich nicht anziehen will: Die Situation entwickelt sich schnell zum Machtkampf, und oft eskaliert sie wegen des Zeitdrucks, unter dem die Eltern stehen. Brechen Sie dem Zwist die Spitze ab, indem Sie Ihrem kleinen Dickkopf klarmachen, dass – egal wie er angezogen ist – der Tag so abläuft, wie es notwendig ist. Sie können in sachlichem Ton erwähnen, dass Ihnen egal ist, wenn Ihr Kind beim Losfahren noch im Schlafanzug steckt. Fruchtet das nicht, machen Sie Ernst: Bringen Sie Ihren Schlafanzug-Matz in den Kindergarten oder zur Tagesmutter. Oder nehmen Sie ihn so in den Supermarkt mit. Er wird das keinesfalls lustig finden, zumal wenn er vielleicht bei der einen oder anderen Aktivität im Nachtdress nicht mitmachen kann. Wiederholungen wird es vermutlich nicht geben, weil feststeht, dass Mama tut, was sie ankündigt.

Claudia geriet jeden Morgen ins Schwitzen: Sie musste als Lehrerin pünktlich in der Schule sein, aber Sohn Niklas wollte sich für den Kindergarten partout nicht anziehen lassen. Eines Tages riss ihr der Geduldsfaden. Sie nahm das nackte Kind an eine Hand, seine Kleider in die andere und verließ das Haus. Als Claudia den Sohn in der Garage auf ein Mäuerchen setzte, um ihre Sachen im Auto zu verstauen, war ihm sichtlich kalt. »Soll ich dich jetzt anziehen?«, fragte sie knapp. Ja, das wollte Niklas – und machte nie mehr beim Anziehen Theater.

MÜTZEN-KAMPF UNNÖTIG

Hauptsache, die Füße sind warm

WAS IM KINDERWAGEN LOSGEHT, hält später munter an: der Kampf um die Mütze! Kann der kleine Racker noch nicht sprechen, reißt er sie sich vom Kopf, brüllt oder lässt sie einfach aus dem Sportwagen fallen. Später versucht das Kind verbal, das wärmende Accessoire loszuwerden. Mama bleibt oft stur, will sie doch vermeiden, dass ihr Sprössling sich erkältet oder gar eine Mittelohrentzündung bekommt. Dass er, kaum außer Sicht, die Mütze in Jackentasche oder Ranzen stopft, merkt sie ja nicht.

Was Eltern wissen sollten: Der Mützen-Kampf ist unnötig. Das versicherte mir die Kinderärztin, als ich ihr eines Winters gestand, dass ich die kleine Mützen-Feindin meist mit bloßem Haupt in die Kälte lasse. Eine Kopfbedeckung, sagte die Fachfrau, sehe nett aus und wärme, wenn es schneie oder Stein und Bein friere. Aber sie sei kein Schutz gegen Krankheit. Das Risiko, dass sich ein Kind erkälte oder Mittelohrentzündung bekomme, sei ohne Mütze nicht größer als mit. Was diese Krankheiten auslöse, sei vor allem eins: kalte, besonders nasskalte Füße. Ich atmete auf, meine Tochter wohl auch. Ich glaube, sie trug sogar öfter Mützen, seit ich die bei Protest ganz entspannt in die Schublade zurücklegte.

DER SCHUH-TRICK

Klettverschluss kontra Schnürsenkel

HATTE DER ERFINDER des Klettverschlusses Kinder? Er hat jedenfalls das Verlassen der Wohnung für Millionen Eltern ungemein vereinfacht. Dank ihm bewältigen kleine Hände das Schuheanziehen allein. Kein Erwachsener muss Schleifen binden: Selbst ist der Knirps! Mit Klettverschluss-Schuhen tun Sie dem kindlichen Selbstbewusstsein etwas Gutes und entlasten sich selbst. Das gilt auch für Reißverschluss- und Schlupfschuhe und Schnürsenkel mit Stoppern. Doch sie sollten den guten, alten Schnürsenkel nicht komplett verdrängen. Denn das Binden einer Schleife trainiert die Feinmotorik und gehört zu den Grundfertigkeiten eines Schulkindes (siehe Seite 98). Sorgen Sie immer für ein Paar Schnürschuhe im Regal, deren Anziehen Sie geduldig begleiten. Beherrscht Ihr Sprössling die Schleife, fordert aber trotzdem ungeduldig »Mach mir den Schuh zu, ich kann das nicht«, sagen Sie sachkundig: »Lass mal sehen.« Hält die Schleife nicht, können Sie dem Kind zeigen, wie es seine Technik verbessern kann. Das darf es sofort beim zweiten Schuh ausprobieren. Wenn der Freund schon draußen wartet, können Sie wetten, dass Ihr Sprössling bald das Schleifenbinden eigenhändig schaffen wird.

SCHUHKAUF LIGHT

Was Fehlkäufen vorbeugt

DAS ANPROBIEREN VON SCHUHEN empfinden viele Kinder als Tortur. Manche Eltern lassen deshalb gern Schuhe älterer Geschwister auftragen, doch bei Füßen im Wachstum ist das eine zweifelhafte Sache. Jeder Fuß braucht einen Schuh, dessen Weite und Halt zu ihm passen und dessen Fußbett intakt ist. Wenn Sie ein paar Details beachten, müssen Sie seltener zusammen einen Schuhkauf durchstehen!

- Kaufen Sie nur Schuhe, die Ihrem Kind gefallen! Sie können zwar für Ihren Favoriten Argumente vorbringen, aber lassen Sie Überredungsversuche. Die teuren Schuhe liegen sonst nur in der Ecke, weil Farbe, Form oder ein Detail dem Sprössling missfällt.
- Kaufen Sie Schuhe mit etwas »Luft«. Zehen brauchen Bewegungsfreiheit, Füße brauchen Wachstumsspielraum.
- Kaufen Sie Schuhe spät am Tag. Dann ist der Fuß länger, gewissermaßen platt gelaufen. Das kann bei älteren Kindern eine Schuhgröße ausmachen.
- Keine Dämpfung im Schuh! Sie macht die Sohle komfortabel, aber den Fuß faul. Sie nimmt der Fußmuskulatur die Arbeit ab, sodass diese sich zurückbildet. So erlahmt das Zusammenspiel von Sehnen, Knochen und Muskulatur, der Fuß wird früh »durchgetreten«, das Fußgewölbe deformiert.

SPIELERISCH FÖRDERN 13

SCHLEIFE ÜBEN

Etwa mit sechs Jahren sind Kinderhände in der Lage, eine Schleife zu binden. Basteln Sie ein Trainingsutensil für dieses feinmotorische Basiskönnen: ein rundes Stück dicker Pappe mit zwei Löchern. Durch diese wird ein Schnürsenkel gefädelt, und Ihr Kind übt Knoten und Schleife. Es ist klug, dies vor der Einschulung zu trainieren, weil es in vielen Grundschulen Hausschuhpflicht gibt.

BARFUSS LAUFEN

Oder mal Socken solo

IHR KIND, DAS SCHON im Sportwagen die Söckchen von den Füßen zog, liebt es später immer noch, mit nackten Füßen durch Haus oder Garten zu laufen? Lassen Sie es! Sofern nicht Fußbodenkälte dagegen spricht, ist Barfußlaufen das Beste, was Füßen passieren kann. Der Leiter des Zentrums für Gesundheit an der Sporthochschule Köln hat erklärt, dass Füße umso gesünder und kräftiger seien, je öfter ein Kind bis zur Pubertät barfuß gelaufen sei.

Bei kaltem Boden bieten sich statt Hausschuhen Socken solo an, möglichst mit »ABS-Stoppern«. Die Stopper gibt es auch zum Aufbügeln, zum Beispiel für selbst gestrickte Strümpfe.

SPIEL »VERKLEIDEN«

Eine Kiste voller Plunder

WENN AN TRÜBEN TAGEN Langeweile droht, ist Verkleiden eine wunderbare Beschäftigung. Ihr Kind kann sich damit eine neue, interessante Welt erschaffen. Teure Kostüme sind dabei aber unnötig, die Fantasie bei der Zusammenstellung des Outfits macht's. Meine Tochter hatte einen Heidenspaß dabei, in Mützen und Schals zu stöbern und sie übereinandergetürmt aufzusetzen. Sie komplettierte das Outfit gern mit Sonnenbrille oder Handschuhen, bevor sie ihre Puppe spazieren fuhr. Oder sie durchforstete das Sammelsurium alter Karnevalsorden, um sich mit ihnen herauszuputzen. Mein Patenkind Claudia liebte es als Dreikäsehoch, in meinen Pumps herumzustolzieren. Ich selbst stöberte als Mädchen in alten Kleidern meiner Mutter und durfte manchmal in ihr Brautkleid schlüpfen.

Verkleiden ist die Chance, in eine Fantasiewelt einzutauchen und sich selbst im Spiegel auf eine ganz neue Weise wahrzunehmen. Wenn Sie eine Verkleidungskiste einrichten mit Plunder, der nicht (mehr) getragen wird, ist ein verrückter Fundus stets griffbereit. Vielleicht haben Sie ja auch im Keller einen Schrank mit Klamotten aus Ihren früheren Jahren. Doch oft macht es Kindern genauso viel Spaß, Gewohntes oder eine Auswahl aktueller Kleider der Eltern ausgefallen zu mixen.

Karneval! Ich kam ins Klassenzimmer und hatte ungewohnt bunte Kleidung und eine blonde Lockenperücke an. Obwohl ich mich weder geschminkt hatte noch meine Stimme verstellte, zeigte mir Erstklässler Paul, wie sehr Kostüme verändern bis unkenntlich machen können. Er verkündete plötzlich strahlend: »Frau Glaser, ich habe dich erkannt – am Ring!«

SPIEL »SCHMINKEN«

Mal verrückt und anders aussehen

MIT DEM VERKLEIDEN VERWANDT (siehe vorhergehendes Rezept) ist das Verändern des Gesichts mit Farben. Hautverträgliche Theaterschminke verwandelt Ihren Sprössling im Nu in einen Tiger, eine Fee oder einen Clown. Das macht auch außerhalb der Karnevalszeit Spaß. Es vertreibt Langeweile und lässt ein Kind seinen Körper und sein Gesicht neu wahrnehmen. Kein Wunder, dass kleinere Kinder es oft ablehnen, sich bei Kinderfesten und Ähnlichem großflächig schminken zu lassen. Das ist ihnen nicht geheuer: Es mag ihnen vorkommen, als verschwinde ein Stück von ihnen.

Größere Kinder können versuchen, sich selbst oder gegenseitig zu schminken. Das ist eine schöne Nachmittagsbeschäftigung für Geschwister oder Freunde. Damit die kleinen Maskenbildner nach Herzenslust arbeiten können, legen Sie Wachstuch oder Papier unter die Farben und stellen Creme und Tücher zum Abwischen bereit.

Oder lassen Sie Ihr eigenes Gesicht doch einmal von Sohn oder Tochter gestalten! Ehrensache, dass über das Ergebnis nicht gemeckert, sondern es stoisch eine Weile »ausgehalten« wird.

WASSERGEWÖHNUNG

Bewegung im Wasser tut gut. Schon das Babyschwimmen, bei dem Eltern und Kind gemeinsam im Wasser planschen, sorgt wahrscheinlich dafür, dass ein Kind später leichter schwimmen lernt. Mit vier bis fünf Jahren können Sie Ihre kleine Wasserratte dann zu einem Schwimmkurs anmelden, der auch das »Seepferdchen«-Abzeichen beinhaltet. Lernt Ihr Kind vor der Einschulung schwimmen, kann es als Schulkind munter mitmachen, wenn (meist in der zweiten Klasse) Schwimmen auf dem Stundenplan steht. Denn dann mühsam mit Schwimmflügeln üben zu müssen ist bitter. Außerdem entstresst das »Seepferdchen« Eltern, weil die Angst vorm Ertrinken weicht.

JEDER KÖRPER IST OKAY

Nimm dich so, wie du bist

DIE HOCHGLANZWELT der Schönen und Superschlanken, in der mit Chemie, Skalpell und Fotobearbeitung Menschen verändert werden, beeinflusst die Selbstwahrnehmung von Kindern. So erfahren Mama und Papa eines Tages garantiert, was dem Sprössling an seinem Körper nicht passt. Es gibt Grundschulkinder, die sich die Haare tönen, unglücklich über die Form ihrer Beine sind, sich einen BH wünschen oder bereits Deos benutzen.

Für ein glückliches Leben ist es nötig, mit sich selbst und dem eigenen Körper zufrieden zu sein. Sie stärken Ihr Kind, wenn Sie seinen Körper akzeptieren, wie er ist. Lassen Sie das Witzeln über Segelohren oder »Straßenköterhaare«! Verkneifen Sie sich auch pauschale Aburteilungen wie »Du hast Käsefüße«, sondern sagen Sie stattdessen: »Deine Füße müffeln heute ziemlich, wie wär's mal mit einer Wäsche?«

Seien Sie Vorbild, indem Sie Ihrem Kind zeigen, dass Sie Ihren eigenen Körper mögen – vielleicht trotz ein paar Pfunden oder ein paar Härchen zu viel. Fühlen Sie sich in Ihrer Haut wohl, färbt das auf den Nachwuchs ab. Sprechen Sie zudem aus, was das Selbstwertgefühl Ihres Kindes stärkt: Stellen Sie an seiner Haut schnuppernd mal fest »Hmm, ich finde, du riechst gut!«. Bewundern Sie sein Haar, seine Hände, seine Augen, seine wohlgeformten Zehen oder was Ihnen sonst gerade auffällt. Niemand ist perfekt, aber jeder ist okay. Wenn Sie Ihrem Kind das vermitteln, entsteht die Basis für einen selbstbewussten und zufriedenen Umgang mit dem eigenen Körper, was es Schönheitschirurgen und Kosmetikfabrikanten später mal schwer macht, Ihr Kind zu manipulieren.

NACKT SEIN

… zu Hause ganz selbstverständlich

DAS VORBILD DER ELTERN ist für jedes Kind in vielen Lebensbereichen von zentraler Bedeutung. Das gilt gerade auch für das Verhältnis zum eigenen Körper. Damit Ihr Kind seine eigene Körperlichkeit entfalten und annehmen kann, können Sie einen wichtigen Baustein ohne viel Mühe legen: Immer wenn Sie zu Hause nackt sind, seien Sie dies auf selbstverständliche Weise!

Die Zeiten, in denen Väter auf der Bettkante saßen und sich – schwups – den Slip überzogen, damit ihnen nichts »weggeguckt« wurde, sind zum Glück größtenteils vorbei. Welche Begrenzung der Persönlichkeit, wenn der Körper als etwas erlebt wird, das es sogar vor den engsten Familienmitgliedern zu verstecken gilt! Dagegen stärkt der offene Umgang mit ihm Selbstverständnis und Selbstwertgefühl des Kindes. Sich nackt wohlzufühlen birgt ein Gefühl von Freiheit. So können später auch Saunabesuche und körperliche Liebe ohne falsche Schamgefühle genossen werden.

Papa Klaus saß in der Badewanne. Töchterchen Claudia kam mal gucken. Dabei entdeckte die Dreijährige offenbar etwas Neues, denn aufgeregt lief sie zu ihrer Mutter und verkündete: »Mama, weißt du schon, dass der Papa ein Junge ist?«

DOKTORSPIELE

Neugierige Selbsterfahrung in Sachen Körper

WAS HAST DU, DAS ICH NICHT HABE? Im Kindergartenalter geht der Nachwuchs auf Entdeckungstour – auch in Sachen Körper. Eltern mit gutem Gedächtnis erinnern sich durchaus, dass auch sie den Leib der Freunde und Freundinnen oder der Geschwister begutachtet, betastet, mit Stöckchen oder anderen Geräten »untersucht« haben. Sie erinnern sich an erste Erektionen oder an kribbelige Gefühle an der Scheide.

Sehen Sie Ihr Kind bei solchen Doktorspielen, bleiben Sie gelassen, solange Sie den Eindruck haben, dass alle gern mitmachen und keiner gezwungen wird. Ein Kind in der Opferrolle müsste von Ihnen geschützt und der Vorfall mit allen besprochen werden. Ist aber alles im Lot, halten Sie sich fern und lassen die Erkundungen unkommentiert. Das gilt auch für Situationen, in denen Ihr Kind sich an intimen Stellen eigenhändig unbedarft, interessiert oder lustvoll berührt. Keinesfalls schimpfen, verbieten oder sagen »Das ist bäh!«. Das könnte die kindliche Überzeugung »Mein Körper ist gut« nachhaltig stören. Erkundigen Sie sich höchstens: »Fühlt sich das schön an, wenn du dich so anfasst?«

AUFKLÄRUNG MIT BEDACHT

Nur auf Nachfrage

DIE GESCHICHTE VOM KLAPPERSTORCH, der die Babys bringt, hat ausgedient. Die meisten Eltern möchten, dass ihr Kind über den Beginn des Lebens Bescheid weiß. Doch wann soll es welche Details erfahren? Einen Zeitplan in Sachen sexueller Aufklärung gibt es nicht. Jedes Kind hat auch hier seinen eigenen Rhythmus. Als gute Faustregel gilt:

Beantworten Sie nur die Fragen, die Ihr Kind stellt. Lassen Sie überfordernde Vorträge und fassen Sie sich kurz.

Wer über Sexuelles redet, sollte klare Worte und korrekte Begriffe wählen. Jungs haben keinen »Pillemann« oder »Schniedel«, sondern einen Penis, Mädchen kein »Loch« oder »das da unten«, sondern eine Scheide oder Vagina. Wenn Sie diese Wörter selbstverständlich benutzen, überträgt das Kind diese Normalität auf die Körperzonen selbst. Zudem erlebt es später in der Schule keinen Bruch, wenn die Dinge beim Namen genannt werden. Hilfreich können Bilderbücher sein, speziell wenn sich Nachwuchs ankündigt.

Resi sah mit Ihrem Erstklässler Thomas auf Geheiß der Schule eine Fernsehsendung zum Thema Geburt an. Sie hatte sich zurechtgelegt, wie sie dann mit ihm darüber reden könnte. Doch er wollte nur eins wissen: »Hab ich auch so geschrien?« Erst Wochen später sagte der Knirps eines Morgens unvermittelt: »Immer das Kinderkriegen! Ich weiß doch, wie das geht. Aber keiner sagt, wie die da reinkommen!« Das war der Zeitpunkt für Mamas Aufklärung, spontan und in Ruhe.

KÜSSCHEN NUR FREIWILLIG

»Nein!« respektieren und trainieren

KÜSSEN IST SCHÖN. Mama und Papa tun es, und sie bekommen auch vom Sprössling gern feuchte Schmatzer auf den Mund. So ein Kuss signalisiert Nähe und Liebhaben. Manchmal bekommen ihn auch andere: Oma, Opa, Freunde oder die Tante. Ansonsten gibt es ein unverbindlicheres Küsschen auf die Wange. Problematisch ist, wenn Erwachsene einen Kuss vom Kind einfordern: »Komm, gib der Oma ein Küsschen!« Heikel wird es, wenn das Kind dies nicht möchte, aber keine Strategie hat, das unfreiwillige Küssen abzulehnen. Womöglich wird es dann sogar wie ein Gegenstand gegriffen und abgeschmatzt.

Jeder Mensch hat eine körperliche Grenze, die niemand unbefugt übertreten sollte. Vermitteln Sie Ihrem Kind, dass es diese Grenze hat und sich gegen Übergriffe wehren kann und soll.

Will die Tante oder der Onkel einen Kuss und empfindet das Kind dies als unangenehm oder komisch, darf es deutlich »Nein!« sagen. Das gilt für alle Berührungen, die ihm missfallen. Sogar gegenüber den Eltern! Wenn Ihr Junior zum Beispiel gerade sauer auf Sie ist, dann will er nicht geknutscht oder gedrückt werden.

Ab dem Kindergartenalter können Sie entsprechende Szenen spielerisch mit Ihrer Tochter oder Ihrem Sohn üben: Versuchen Sie Ihrem Kind einen Kuss aufzudrücken, wogegen es sich gemäß Ihrer Absprache mit einem entschiedenen »Nein!« oder »Lass das!« zur Wehr setzen muss.

Was im Spiel Spaß macht, kann Mädchen wie Junge helfen, die eigene Körpergrenze »im echten Leben« zu wahren. Diese Fähigkeit bleibt bis ins Erwachsenenalter wichtig. Nur mit freiwilligem Einverständnis darf jemand diese Grenze überschreiten.

RÜLPSEN UND PUPSEN

Gehört zu jedem Menschen dazu

RÜLPSEN UND PUPSEN gehören zum Menschsein. Haben andere Kulturkreise mit diesen Körpergeräuschen bis heute kein Problem, wurden sie hierzulande ins stille Kämmerchen verbannt. Schüler zeigen mit dem Finger auf Klassenkameraden und petzen es der Lehrerin, wenn ein Tönchen entweicht. Sogar innerhalb vieler Familien ist es verpönt, einen Pups zu machen. Nicht wegen etwaigen Geruchs, sondern aus Prinzip.

Natürlich sollten Sie Ihrem Kind beibringen, dass bei uns Rülpser und Pupser in Gegenwart anderer nichts zu suchen haben. Aber machen Sie auch kein Drama daraus, wenn's passiert. Gerade im Schonraum Zuhause können andere Regeln als in der Öffentlichkeit gelten. Bleiben Sie locker! Lachen Sie doch einfach mal über einen überraschend lauten Pups. Wer Rülpsen, Pupsen oder auch den »Duft« im WC negativ belegt oder verhöhnt, kann beim Kind unnötige Ängste schüren: davor, fremde Toiletten zu benutzen oder anderswo unangenehm aufzufallen. Vor allem kann die Angst entstehen, der eigene Körper sei nicht in Ordnung oder habe etwas Ekliges an sich. Betonen Sie die Normalität der Körperfunktionen, auch wenn Sie sich manche bei Tisch verbitten.

Walli und Robert machten mit ihrem siebenjährigen Sohn Daniel und dessen 15-jährigem Babysitter-Freund im Wohnmobil Urlaub. Als der Freund üble Bauchschmerzen bekam, suchten sie einen Arzt auf. Ergebnis: Der Junge litt unter extremer Verstopfung. Er hatte solche Angst gehabt, auf dem Campingplatz-WC eine »öffentliche« Geruchsspur zu hinterlassen, dass sein Körper einfach dicht gemacht hatte. Dank Rizinusöl löste sich das Problem, und der Junge entwickelte befreit eine neue Lust am Um-die-Wette-Pupsen mit Daniel.

BAD OHNE SCHLÜSSEL

Ohne Geheimniskrämerei lebt's sich freier

ES MAG GUTE GRÜNDE GEBEN, ein Bad abzuschließen, wenn die Pubertät naht und ein Kind in die schamhafte Phase kommt. Aber da abgesperrte Türen Geheimniskrämerei oder sogar Verbotenes signalisieren können, hat es bis dahin Vorteile, wenn alle Familienmitglieder das Bad ohne Schlüssel benutzen. So wirkt, was dort geschieht, natürlich. Eltern können zudem unverhofft hereinkommen, um die Szene zu checken. Auf diese Weise kann der sichere Gebrauch des Föhns – ohne Nässe in der Nähe – überprüft werden oder der Wasserstand auf dem Boden. Auch der Blick auf den nackten Kinderkörper kann informativ sein: »Woher hast du diese blauen Flecken?« Der erste Haarwuchs erklärt, warum Töchterchen sich verschämt benimmt. Eine Mutter entdeckte so per Zufall die bösartige Hodenvergrößerung ihres Sohnes.

Möchten Sie signalisieren können, dass das Bad besetzt ist, gibt es zwei einfache Wege: Entweder steht die Tür des Bades normalerweise offen beziehungsweise ist angelehnt. Dann weiß jeder, dass es besetzt ist, sobald die Tür zu ist. Oder es hängt ein Schild an der Tür, das »frei«/»besetzt« anzeigt – vielleicht vom Kind selbst gestaltet. Diese schlüssellose Variante ermöglicht einer zweiten Person das Betreten des Bads zum Kämmen oder Handtuchholen, aber erst nach Anklopfen und einem »Herein!«.

FESTER BADETAG

Bei wasserscheuem Nachwuchs

DIE MEISTEN KINDER lieben die Badewanne, weil sie gerne planschen. Aber es gibt auch Ausnahmen. Bei einem wasserscheuen Exemplar kann ein fester Badetag helfen, um Diskussionen zu vermeiden (siehe auch Seite 42). Ist das Baden ein Ritual, das mit einem Wochentag und vielleicht auch mit einer bestimmten Uhrzeit verknüpft ist, ergibt sich der widerborstige Nachwuchs oft leichter in sein Bade-Schicksal. Testen Sie mal eine Badezeit nach dem Abendessen. Dann kann Ihr Kind sich anschließend in Schlafanzug und Bett kuscheln.

SCHNUPPERPROBE

Zu Dusche oder Bad animieren

HAT EIN KIND ZUM BADEN KEINE LUST, so will es doch zumeist nicht stinken. Schnüffeln Sie mit ernster Miene und verkünden: »Was müffelt denn hier so?« Schnuppern Sie hier und da und werden an Haar oder Hals Ihres Kindes fündig. Einem erstaunten »Ach, du riechst so!« folgt eine Duschempfehlung oder die konkrete Ansage: »Jetzt ist es Zeit für die Badewanne! Ich lasse sofort Wasser ein.«

Eric protestierte am Abendbrottisch vehement gegen das Baden. Mamas Hinweis, dass er müffele, konterte er: »Du kannst ja mit Papa den Platz tauschen.« Schwerer wog ihr Argument »So kann ich nicht mit dir kuscheln«. Noch etwas ließ Eric aufhorchen: »Mücken gehen nach Körpergeruch. Wenn sie deine ungewaschenen Füße riechen, kommen sie zu dir, nicht zu mir.«

HILFSMITTEL »TAUCHRING & CO«

Bonbon für Anti-Wannen-Kinder

STEIGT EIN JÜNGERES KIND ungern in die Wanne, können Quietscheentchen und wassertaugliches Spielzeug den Aufenthalt im Nass attraktiver machen. Auch Sandkastenförmchen sind gut geeignet. Mit zunehmendem Alter büßen sie ihre Faszination allerdings ein. Probieren Sie dann ausgefallene Accessoires: Taucherbrille, Tauchring oder duftende Badekugeln, oder Ihr Kind geht mal in Bikini oder Badehose ins Wasser. Solche »Bonbons« machen natürlich auch Wasserratten Spaß!

SCHNUPFEN – EGAL!

Richtig krank ist anders

DASS DEM WICHT MAL DIE NASE LÄUFT, dass er hustet, gehört zum Leben und besonders zum Aufwachsen: Der Körper muss sich mit Viren und Bakterien auseinandersetzen, um Abwehrstoffe zu bilden. Doch manches Kind wächst im Glauben auf, Schnupfen, Husten, kratzender Hals seien etwas Schlimmes. Womöglich darf es weder schwimmen noch an die frische Luft. Manche Eltern verbieten ihrer Schnupfennase sogar die Schule: »Du bist krank.« Aber ist echtes Kranksein nicht ganz anders: wenn man Fieber hat, sich hundeelend fühlt, im Bett bleibt, wie bei Grippe, Durchfall, Windpocken? Krank! Das klingt schlimm und schürt auch Ängste. Machen Sie aus der Schnupfen-Mücke keinen Elefanten! Sagen Sie Ihrer kleinen Rotznase: »Du bist erkältet.« Packen Sie ihr Taschentücher ein, bei Husten was zum Lutschen, und lassen Sie sie nach draußen. Frischluft ist für die Atemwege besser als trockene Zimmerluft. Bewegung im Freien stärkt das Immunsystem.

ELTERN EXTRA

Streiten mit Niveau

Streit gehört zum Leben und hat durchaus positive Seiten: Er hilft, Situationen zu klären, und vermeidet, dass sich **Unausgesprochenes** belastend im Inneren anhäuft. Wichtig ist, mit Niveau zu streiten, auf sozialverträgliche Art und Weise: Es sollte stets um die Sache gehen, ohne die Person anzugreifen.

Ob ein Kind »Streiten mit Niveau« lernt, hängt sehr vom Vorbild seiner Eltern ab: Wie gehen sie miteinander oder mit anderen in Auseinandersetzungen um? Manchmal lässt sich das Streiten in der Nähe der Kinderohren nicht vermeiden. Einige Spielregeln sollten dann jedoch gelten:

- Sprechen Sie offen aus, worum sich der Streit dreht. Da ein Kind alles auf sich bezieht, glaubt es sonst, es selbst sei der Auslöser. Erklären Sie: »Wir haben uns lieb, aber jetzt sind wir verschiedener Meinung, ob wir die Küche neu streichen wollen oder nicht.«
- Reden Sie respektvoll miteinander: Kommunizieren Sie mit Ihrem Gegenüber **auf Augenhöhe,** weder herablassend noch kleinlaut, und in sachlichem Ton. Lassen Sie den anderen ausreden!
- Erwähnen Sie im Streitgespräch nie Ihr Kind. Sogar wenn Sie etwas Harmloses sagen wie »Rede leiser, was soll Tom sonst denken?«, kann es womöglich etwas ganz anderes verstehen, oder es schnappt nur seinen Namen auf – schon stellt es eine Verbindung her und denkt, es selbst sei Gegenstand des Streits und somit an dem Streit schuld.
- Lassen Sie Ihr Kind in Streitsituationen außen vor. Fragen Sie es nie nach seiner Meinung zum strittigen Thema und fordern Sie es keinesfalls auf, für einen der beteiligten Erwachsenen **Partei zu ergreifen.** Mischt es sich von selbst ein, sagen Sie zum Beispiel: »Das ist nett, dass du etwas dazu sagen willst, aber das geht nur Papa und mich etwas an, das müssen wir entscheiden.«
- Beherzigen Sie Tabuthemen: Reden oder streiten Sie in Hörweite Ihres Kindes keinesfalls über Sex, große Geldsorgen oder eine mögliche Trennung. Beschließt ein Elternpaar, sich zu trennen, sollte ein Kind das erst erfahren, wenn das Auszugdatum eines Elternteils nahe bevorsteht.
- Zeigen Sie nach dem Streit, **dass Sie sich versöhnt haben:** Küssen Sie sich liebevoll im Beisein des Kindes, oder nehmen Sie sich zeitnah alle herzlich in den Arm. Ältere Grundschüler verstehen auch, wenn Sie sagen: »Wir haben uns wieder vertragen.«

Ganz wichtig nach einem Streit ist, dass Sie Ihrem Kind nie den Mund verbieten, wenn es darüber sprechen will, sei es mit Ihnen oder anderen Personen. Auch wenn Sie denken, das Thema gehe keinen etwas an, kann es Ihr Kind ungemein entlasten, über das Gehörte zu sprechen. Gönnen Sie ihm das!

UNTERWEGS

Ein Kind will die Welt entdecken – mit Mama und Papa, aber zunehmend auch ohne sie. Dazu braucht es neben Neugier und Offenheit für Fremdes auch Reiseutensilien wie Verlässlichkeit, Sicherheit im Straßenverkehr und eine Portion Selbstvertrauen. Spiel, Spaß und einige Kniffe helfen Ihnen, Ihr Kind zudem zu lehren, wie es sich »da draußen« benehmen sollte, um überall gern gesehen zu sein.

NOCH MAL AUFS KLO

Beugt panischer WC-Suche vor

»ICH MUSS MAL!« Kaum außer Haus, kann dieser Ruf Mama oder Papa die Schweißperlen auf die Stirn treiben. Denn oft ist genau dann keine Toilette in der Nähe. Das menschliche Bedürfnis lässt sich logischerweise nicht ausschalten, aber ihm lässt sich vorbeugen durch ein einfaches Ritual vorm Verlassen des Hauses: »Noch mal aufs Klo!« Fordern Sie dies von Ihrem Kind möglichst knapp vorm Losziehen. Bisweilen kommt Protest wie »Ich muss gar nicht« oder »Ich war eben erst«. Lassen Sie nicht locker, denn »eben« kann eine Stunde her sein. Sie können Beispiel sein: »Ich muss auch nicht, gehe aber trotzdem noch mal aufs Klo.« Sie können auch argwöhnen: »Ich weiß gar nicht, ob da, wo wir hingehen, überhaupt ein WC ist.« Oder Sie wecken die Neugier: »Es ist erstaunlich, was in der Blase drin ist, wenn man nicht muss. Lass dich überraschen!«

GESTÜRZT? RUFEN!

Über den Schreck hinweghelfen

VIER ERWACHSENE beugten sich besorgt über einen kleinen Jungen mit Fahrrad, der hingefallen war. Obwohl ich ihn wieder munter im Sattel sitzen sah, wurde er immer wieder getätschelt und gefragt, ob alles okay sei, warum er stürzte, wie er sich fühle ... Was hat dies Kind gelernt? Dass sein Sturz etwas Dramatisches war. Dabei gehören Hinfallen und Wiederaufstehen zur Kindheit. Trösten Sie bei Schmerzen, doch suggerieren Sie sie nicht. Kümmern Sie sich nicht sofort ums gestürzte Kind, betrachten Sie es zunächst aus dem Augenwinkel: Häufig steht es auf, als sei nichts gewesen.

Bleibt es liegen und weint, so unter Umständen vor Schreck statt vor Schmerz. Helfen Sie Ihrem kleinen Unfallpiloten, die Verunsicherung zu überwinden, indem Sie ihn zum Aufstehen motivieren: Bleiben Sie, wo Sie sind, gehen Sie in die Hocke und sagen tröstend mit ausgestreckten Armen: »Steh auf, komm her zu mir, ich helfe dir!«

Siehe da: Das Kind rappelt sich meist auf. Es wird weinend oder schon strahlend auf Sie zulaufen. Gegebenenfalls kann es zeigen, was wehtut, oder Sie machen einen Funktionscheck (siehe folgendes Rezept). Vor allem aber schließen Sie Ihr Kind tröstend in die Arme und ermutigen es anschließend, wieder loszuziehen.

WEHGETAN? FUNKTIONSCHECK!

Ein schneller Test beruhigt

AB UND ZU tut sich ein Wicht richtig weh: bei Stürzen, Kämpfen, missglückten Aktionen. Dann fließt bisweilen auch Blut oder zumindest ein Tränchen. Was das Kind beunruhigt, ist außer dem Schmerz die Angst, dass etwas kaputtgegangen ist. Ein Kind kann dann sogar unbewusst einen Körperteil komplett lahmlegen. Wunder wirkt da ein kurzer Funktionscheck: Lassen Sie sich zeigen, was wehtut. Ist dies ein Bein, so weisen Sie Ihr Kind mit anteilnehmender, aber sachlicher Stimme an, das »heile« Bein zu beugen und auszuschütteln. Das lenkt die Aufmerksamkeit vom schmerzenden Bein ab und zeigt Ihnen, ob dieses normal belastbar ist. Anschließend lassen Sie das schmerzende Bein beugen und ausschütteln. Ganz wichtig beim Funktionscheck: Alle Bewegungen muss das Kind selbst ausführen! Sie machen höchstens vor, wie's geht. Falls der Funktionstest Schmerzen auslöst, Ihr Kind bestimmte Bewegungen nicht ausführen kann oder längere Zeit humpelt, gehen Sie mit ihm zum Arzt. Klappt alles problemlos, wenn auch vielleicht etwas vorsichtig, seufzen Sie erleichtert: »Ah, alles heil geblieben.« Der Sprössling merkt beruhigt: Alles halb so schlimm, alles funktioniert noch. Und Sie sind sicher, dass sich Sohn oder Tochter nichts gebrochen oder gezerrt hat. Je nach Fall können Sie ein Pflaster anbieten oder raten: »Mach jetzt erst mal ein bisschen langsam.« Doch oft hört ein Kind dann schon nur noch halb zu, weil es zurück zum Spiel will.

HELFER ZUM STILLSEIN

Mucksmäuschen ist manchmal gefragt

MANCHMAL IST ABSOLUTE STILLE gefragt, etwa bei einem Konzert. Hier ist das Vorbild der Eltern das A und O. Außerdem sollten Sie Ihr Kind auf die Stille-Situation vorbereiten, indem Sie ihm sagen, was auf es zukommt und wie lange das dauern wird. Einige Helferlein können das »Mucksmäuschen« unterstützen:

- Lärmmacher weg: Das Kind sollte in den Taschen oder in greifbarer Nähe nichts haben, was rascheln, klackern oder beim Herunterfallen Lärm machen könnte: Trinkflasche, Bonbons, Kugelschreiber, Schlüsselbund …
- Zeitlimit: Die Dauer der Mucksmäuschenstille sollte sich nach Alter und Temperament des Kindes richten und kann mit wachsender Übung ausgedehnt werden. Ideal für den Anfang ist, wenn der Leise-Ort jederzeit verlassen werden kann, wie eine Kirche.
- Ende ankündigen: Geht das Leise-Potenzial des Kindes zur Neige, kann die konkrete Aussicht aufs Ende eine Verlängerung und einen Trainingseffekt bewirken. Flüstern Sie dem Kind ins Ohr: »Nach dem nächsten Lied schleichen wir uns raus« oder »In acht Minuten ist Pause, dann gehen wir«.
- Schmusetuch: Ein Kleinkind kann geraume Zeit still durchhalten, wenn es mit dem vertrauten Kuscheltuch in Mamas oder Papas Armen liegen darf.
- Fingerzeichen und Blick: Sie legen den Finger auf Ihre Lippen und gucken Ihrem Kind warnend in die Augen.
- Belohnung: Bei außergewöhnlichen Stille-Leistungen kann eine Belohnung winken. Zum Beispiel könnte es vor der Beerdigung heißen: »Es ist für dich schwer, bis zum Ende still zu sein. Wenn du durchhältst, fahren wir danach zum Fluss Steine werfen.«
- »Leer büllen« lassen: Um Ihr Kind auf die stille Zeit einzustellen, können Sie es direkt davor auffordern, sich noch mal auszubrüllen, auf Vorrat laut zu sein. Sehr gut geht das im Auto, wo's andere nicht stört. Animieren Sie mit »Lauter!« oder »Wie, das ist alles?«.
- Lob: Statt in einer Gruppe von mehreren Kindern diejenigen zu maßregeln, die unruhig und laut sind, loben Sie mit leiser Stimme jene namentlich, die ruhig sind: »Tim ist schon ganz still, Leonie hat es schon geschafft …« Da möchte jeder genannt werden!

SPIEL »SENDEPAUSE«

Wohltuende Stille durch Wettbewerb

KINDLICHES GEPLAPPER kann Eltern bisweilen zu viel werden. Probieren Sie bei solchen Gelegenheiten mal das Spiel »Sendepause« aus, bei dem Stille auf Kommando Trumpf ist. Benötigt wird dafür eine Stoppuhr (meist im Handy vorhanden). Ziel ist es, exakt eine festgelegte Zeitspanne lang zu schweigen. Um das Kind zu motivieren, ist es am besten, mit der überschaubaren Zeit von einer Minute zu beginnen. Sie sagen »Los!« und stoppen die Zeit bis zum ersten Wort.

Die Schweigezeit lässt sich beliebig ausdehnen. Bei mehreren Mitspielern siegt, wer der vereinbarten Zeit am nächsten kommt. Sehr schön ist das Spiel mit mehreren größeren Kindern, denn die können selbst stoppen.

SPIEL »RATE-MALEN«

Was soll das wohl darstellen?

LANGEWEILE im Wartezimmer oder im Restaurant? Kurzweilig ist in solchen Situationen das Spiel »Rate-Malen«, für das Papier und Stift nötig sind. Das Schöne an dem Spiel ist, dass es mitwächst. Anfangs zeichnet nur der Erwachsene: Malen Sie etwas Einfaches, das der kleine Mitspieler beim Entstehen so schnell wie möglich zu erraten versucht. Vielleicht sind erst zwei Kringel zu sehen, und die Kinderstimme kräht schon »Eine Brille!«. Womöglich ist die Vermutung aber falsch, und plötzlich heißt es wissend: »Ein Fahrrad!« Ist Ihr Kind älter, können Sie die Rollen tauschen und auch selbst raten. Sehr praktisch für dieses Spiel: eine »Zaubertafel«, die sich immer neu beschreiben lässt. So wird kein Papier verbraucht.

SPIEL »RÜCKEN-RATEN«

Was malt oder schreibt der Finger?

DIESES SPIEL KANN bei Langeweile überall zum Einsatz kommen, denn dafür sind keinerlei Utensilien nötig, und es macht keinen Krach. So geht's: Der Erwachsene zeichnet mit dem Finger auf den Rücken des Kindes einen einfachen Gegenstand, den es erraten soll. Erkennt es ihn nicht, bekommt es eine Ratehilfe, zum Beispiel: »Das Wort fängt mit B an« oder »Es lebt im Wasser«. Dann wird das Fingergemälde wiederholt. Ist das Kind alt genug, können die Rollen von Maler und Rater anschließend wechseln, und bei Schulkindern kann der Finger dann auch Zahlen, Buchstaben oder Wörter schreiben. Besonderen Spaß macht das Spiel mit nacktem Rücken!

SPIEL »LAUFPARCOURS«

Herausforderung auf einem oder zwei Beinen

HAT MAMA ODER PAPA es sich im Garten gemütlich gemacht oder im Park, wird dem Nachwuchs oft schnell langweilig, und er drängelt ungeduldig zum Weitergehen. Er weiß nichts von »Seele baumeln lassen«, sondern ist auf Bewegung und Erforschen gepolt. Wollen Sie entspannt sitzen bleiben, spielen Sie »Laufparcours«, wofür Sie nur etwas Fantasie brauchen: Geben Sie dem Kind einen Bewegungsauftrag, der die Umgebung einbezieht. »Du läufst bis zum Papierkorb, machst dort drei Luftsprünge, rennst weiter zum Baum, läufst zweimal um ihn herum, läufst zu mir zurück und machst unterwegs einen Purzelbaum.« Solche Aufzählungen trainieren nebenbei das Gedächtnis. Ist Ihr Kind wieder bei Ihnen, folgt eine neue Aufgabe: wie ein Frosch hüpfen, auf das Mäuerchen klettern, an einer Stelle bis 20 zählen …

HANDICAP – NA UND?!

Jeder Mensch ist wertvoll

WER AUS DEM HAUS GEHT geht, begegnet anderen Menschen, auch geistig oder körperlich behinderten. Das ist für ein Kind meist kein Problem, solange Erwachsene es nicht durch Vorurteile bereits verdorben haben. Es betrachtet die Überraschungen der Welt unbefangen sozusagen alle durch dieselbe Brille: »Warum hupt das Auto?«, »Warum sitzt der Junge im Rollstuhl?« Antworten Sie sachlich, ohne Betulichkeit: »Vielleicht hatte er einen Unfall oder eine Krankheit«, ließe sich mutmaßen. Es könnte sich ein Gespräch darüber anknüpfen, dass Gesundheit nicht selbstverständlich ist und dass im Grunde jeder Mensch ein Handicap hat: Hundephobie, Neid, Bindungs- oder Höhenangst ...

Ersticken Sie bei Ihrem Kind Schwellenängste und Vorurteile im Keim, indem Sie erklären: »Jeder Mensch ist anders. Und jeder ist so wertvoll wie du selbst.« Machen Sie klar, dass der Rollstuhl zwar ein Handicap seines Benutzers zeigt, dass dies aber nichts über dessen Fähigkeiten und Herz aussagt. Der Junge, der keine Beine hat, kann ein prima Kumpel oder super in Mathe sein. Der Sportler Rainer Schmidt, der ohne Arme aufwuchs, wurde Goldmedaillensieger im Tischtennis bei den Paralympics. Minister arbeiten im Rollstuhl weiter. Es ist ein Erfolg für Sie, wenn Ihr Kind ungezwungen mit Menschen mit Behinderung umgeht, denn die möchten weder Mitleid oder Ausgrenzung noch aufgedrängte Hilfe oder falsches Schonen, sondern verständnisvolles Miteinander. Dieser offene, wertschätzende Blick auf den anderen lässt sich auch auf weitere Mitbürger übertragen, die anders als Ihre Familie sind: auf Menschen mit anderer Hautfarbe, Nationalität oder Religion.

Yvan war blind und hatte einen Wasserkopf, als er geboren wurde. Die Ärzte gaben ihm eine Lebenszeit von ein, maximal zwei Jahren. Eltern und Geschwister liebten ihn. Er war in Küche oder Wohnzimmer immer dabei, fuhr mit in Urlaub, mit ihm wurde gescherzt, geschmust und geschimpft. Vielleicht aufgrund dieser tiefen Akzeptanz seiner Person wurde Yvan fünf Jahre alt.

WANDERN MIT EXTRA

Von Abenteuergefühl und Sammellust

IHR SPRÖSSLING findet am Spazierengehen kaum Gefallen? Die Abneigung teilt er mit den meisten Kindern, denn Gesundheitsaspekte haben für ein Kind keine Attraktivität. Auch neue Ziele wie »Wald der Sinne« motivieren es wenig, weil es sich darunter nichts vorstellen kann. Versuchen Sie es mit einer Prise Abenteuer: Machen Sie eine Nachtwanderung! Mit Taschenlampe geht's bei Dunkelheit los. Nachts sieht alles anders aus, auch Geräusche klingen anders, sodass für ein Kind selbst vertraute Pfade eine faszinierende neue Welt sind. Dabei darf es sich in Ihrer beruhigenden Nähe durchaus ein bisschen gruseln!

Ebenfalls reizvoll ist eine Morgenwanderung. Schon allein deswegen, weil der Nachwuchs vorm Hellwerden geweckt wird. Im Finstern geht's los, am besten zu einem Punkt mit freier Sicht. Es ist für ein Kind ein unvergleichliches Erlebnis, zu sehen, wie es heller wird, zu hören, wie nach und nach die Vögel erwachen, und das Aufsteigen der Sonne zu beobachten. So eine Wanderung fördert das Gespür für die Natur, für ihre stille Schönheit und ihre Laute. Auf dem Heimweg treffen Sie vielleicht einen Zeitungsausträger oder andere Menschen, denen Ihr Kind sonst kaum begegnet. Am besten nehmen Sie alles für ein Frühstückspicknick mit und kaufen unterwegs Brötchen dazu, sofern eine Bäckerei schon geöffnet hat.

Wenn Sie Ihren Sprössling tagsüber zu »normalen« Spaziergängen durch die Natur motivieren wollen, können kleine Aufgaben hilfreich sein: Bitten Sie Ihr Kind, Eicheln, Kastanien oder Tannenzapfen zu sammeln. Mit ihnen lässt sich basteln oder die Wohnung dekorieren. Oder Sie regen an, flache Steine zu suchen, die zu Hause bemalt werden oder als Einfassung von Beet oder Balkonkasten dienen. Ältere Kinder mag folgende Idee beflügeln: »Guck mal, wie viele verschiedene Baumblätter du findest.« Wer nicht jeden Baum kennt, kann daheim in Lexikon oder Internet nachsehen.

Sie können auch auf die Pirsch nach Essbarem gehen: Holunderblüten oder -beeren ernten, Heidelbeeren oder Wildkirschen pflücken. Wer sich mit Pilzen auskennt, kann leckere Sorten im Herbst suchen. Nach dem ersten Frost schmecken Schlehen und Hagebutten.

WALDKLO & CO

Frei von falschen Toilettenzwängen

»ICH MUSS MAL!« Wenn unterwegs ein WC nötig wird, hat das auch sein Gutes: Das Kind begreift, dass es auch außer Haus zur Toilette gehen kann, selbst wenn es anderswo mal unangenehm riecht oder nicht so sauber wie gewohnt ist. Eine gewisse Übung im Besuch von Fremd-WCs härtet ab und macht ein Kind freier in seinen Unternehmungen.

In der Natur gibt es meist kein Klo weit und breit, dafür jede Menge Natur-WCs. Hinter jedem Busch oder Baum, auch auf einem umgestürzten Baumstamm als »Donnerbalken« lässt sich Erleichterung finden. Ein kleines Kind muss dabei zunächst noch von Elternhänden gehalten werden, ein älteres schafft es allein, wobei ihm der Tipp nützen kann, bergab zu pinkeln, damit die Füße nicht in einer Pipi-Lache stehen! Ist kein Papier zum Reinigen – und anschließenden Vergraben – zur Hand? Vielleicht gibt es große Blätter, ansonsten zu Hause eine frische Unterhose. All das hat etwas von Freiheit und Abenteuer, das weiß jeder, dem der Wind schon um den nackten Po strich.

SPIELERISCH FÖRDERN 15

AB NACH DRAUSSEN

Stubenhocken ist so einfach, zumal TV und PC so interessant sind. Doch wer ein Weizenfeld nur vom Bildschirm kennt, dem fehlt das Erlebnis des Riechens, Fühlens, Lauschens. Ermöglichen Sie Ihrem Kind viele Erfahrungen durch echte Begegnungen mit Menschen und Natur. Wer im Matsch spielt, mit anderen den Hügel herabkugelt, am Bach Staudämme baut, entwickelt ein Gefühl für die Welt und was sie beseelt. Das »erdet«. Draußen kann ein Kind die Welt gestalten, kreativ sein und selbstbestimmt lernen. Bei Regen gilt: Kapuze auf und los!

SCHENKEN MIT KÖPFCHEN

Gegen den Gutschein-Wahn

EINE EINLADUNG zum Kindergeburtstag, wie schön! Ein Geschenk zu diesem Anlass ist üblich, aber die Frage ist: welches? Oft haben weder die Kinder noch die Eltern eine Idee. Zudem grassiert eine fatale Angst: Bloß nichts Falsches schenken, was das Geburtstagskind schon hat oder was ihm missfällt! Aufgrund dieser Furcht werden Gutscheine immer beliebter: für Buchhandlung, Elektronikhandel, Drogeriemarkt oder Kino. Falsch machen kann der Schenkende damit kaum etwas – aber eine wirkliche Freude macht er gerade jüngeren Kindern damit auch nicht. Denn ein Gutschein ist nichts, was sich bewundern, entdecken oder sofort benutzen lässt, sondern bloß ein Stück Papier. Gutschein-Geschenke sind zudem wie ein Tauschhandel: Ich schenke dir einen fürs Schwimmbad, und du schenkst mir ein paar Monate später einen fürs Kino – oder sogar auch einen fürs Schwimmbad (da könntest du mir meinen ja einfach zurückgeben!).

Machen Sie Ihrem Kind Mut: Wählen Sie gemeinsam »echte« Geschenke mit Köpfchen aus. Eine Gabe von Herzen, die dem Beschenkten zeigt: Mein Gast hat sich Gedanken gemacht, ich bin ihm wichtig. Überlegen Sie mit Ihrem Kind: Mag das Geburtstagskind eine bestimmte Farbe besonders gern? Bewundert es einen bestimmten Stift, oder hat es einen Lieblingsfußballverein und würde sich über eine Kleinigkeit aus dem Fanshop freuen? Eine selbst gestaltete Karte oder Verpackung, die keinesfalls perfekt sein muss, rundet das persönliche Geschenk ab. Natürlich kann nicht jedes »echte« Geschenk ein Volltreffer sein. Aber trifft es ins Schwarze, ist es umso schöner – auch für den Schenkenden. Das beschert Glücksgefühle!

Deshalb gilt im Umkehrschluss: Wer Geburtstag hat und gefragt wird »Was wünschst du dir?«, sollte sagen: »Eine Überraschung.« Natürlich ist es prima, wenn ein konkreter Wunsch erfüllt wird, doch reizvoller ist ein Überraschungsgeschenk. Zwar besteht die Gefahr, dass es nicht hundertprozentig gefällt, aber es birgt die unvergleichliche Chance, etwas Neues und Tolles kennenzulernen, das außerhalb des eigenen Horizonts lag. Denn wünschen kann man sich nur, was man kennt.

KIND MAL ABGEBEN

Es geht auch mal ohne Mama oder Papa

IHR KIND MOTZT, langweilt sich, oder Sie haben etwas allein zu erledigen? Geben Sie den Sprössling ruhig ab: bei Oma und Opa (siehe nächstes Rezept), einer vertrauten Nachbarin oder im Elternhaus eines Spielkameraden. Sie sollten die Hilfsbereitschaft anderer auch dann in Anspruch nehmen, wenn Sie glauben, Ihr Kind sei wild, schwierig oder hätte gerade schlechte Laune. Denn in der Fremde wollen Kinder meist nicht anecken, benehmen sich gut und im Vergleich zu daheim »wie ausgewechselt«. Geben Sie den Nachwuchs also unbesorgt auf Zeit in vertraute Hände. Und glauben Sie, wenn es beim Abholen heißt: »Das ist ja ein liebes Kind!«

OMA UND OPA ALS ANKER

Emotionaler Hafen mit Zeit und Ruhe

SIE SIND DIE JOKER im Alltag und ein großer Schatz: Oma und Opa. Enkelkinder und Eltern können sich glücklich schätzen, sie zu haben – am besten in der Nähe. Eltern sehen dabei meist in erster Linie den »Babysitter-Effekt«: Es ist praktisch, den Sprössling bei Oma und Opa in sicherer Obhut zurückzulassen (siehe auch vorhergehendes Rezept). Doch die beiden haben für ihr Enkelkind noch eine weitaus wichtigere Funktion: Sie sind ein emotionaler Hafen, eine Art Anker im Familienleben. Denn Oma und Opa haben Zeit und Ruhe. Sie hören zu und sind meist mit ungeteilter Aufmerksamkeit da. Das tut der Kinderseele gut. Sie halten außerdem Familienanekdoten wach, berichten von Vergangenem, geben Traditionen weiter, erklären Bräuche und vermitteln Werte.

So sind sie eine Klammer zwischen dem Gestern und dem Heute, sie stehen für Kontinuität und geben dem Kind damit Geborgenheit. Sie sind überdies geduldige Lehrmeister in Fertigkeiten, für die Eltern nur selten Muße haben: Häkeln, Laubsägearbeiten, Marmeladekochen oder Pflanzenbestimmen. So erweitern Großeltern den Kinderhorizont.

Das Alter setzt allerdings bisweilen Grenzen, und so werden diese auch dem Enkel gesetzt: Während Opas Nickerchen am Mittag muss das Kind sich allein beschäftigen; weil Oma nicht gut laufen kann, ist der Radius klein; weil Opa Mühe beim Schleppen hat, wird mit angefasst. Das schult den zwischenmenschlichen Umgang und lehrt Rücksichtnahme. Eine gute Beziehung zu Oma und Opa dauert oft bis in die Pubertät fort, sodass die beiden für Nöte und Fragen eine sichere Anlaufstelle außerhalb des »peinlichen« Elternhauses sein können. Auch bei Trennung der Eltern und anderen Krisen bleiben die Großeltern ein Anker, manchmal ein Zufluchtsort, der zur seelischen Stabilität des Kindes beiträgt.

Sie haben in der Nähe weder Oma noch Opa? Wie wäre es dann mit einer Ersatzoma? Vielleicht lebt sie ja gleich um die Ecke.

SPIELERISCH FÖRDERN 16

DER KOPF ALS ULTIMATIVES NAVI

Es ist ein blödes Gefühl, orientierungslos herumzuirren. Es macht unsicher. Deshalb erklären Sie Ihrem Kind von klein auf, wenn Sie mit ihm unterwegs sind, wie man sich in der Welt zurechtfinden kann. Erklären Sie, wie Sie im Parkhaus das Auto wiederfinden, wie der richtige Bahnsteig ermittelt wird oder wie sich das korrekte Abbiegen zu Omas Haus anhand des Ladens auf der Ecke merken lässt. Ein besonderes Rüstzeug geben Sie dem Nachwuchs mit, wenn Sie ihm das Lesen von Landkarte und Stadtplan beibringen: »Wo ist Norden?«, »Wie müssen wir die Karte halten?«, »Such mal, wo wir sind!«. So lernt das Kind, ohne elektronische Hilfsmittel klarzukommen. Es macht außerdem die Erfahrung, dass es klug ist, auf den eigenen Grips zu vertrauen statt auf ein Navi. Denn das kennt bisweilen die »schlaueste« Strecke nicht, hat keinen Empfang oder gibt falsche Anweisungen.

SOLO-WEGE ZULASSEN

Wichtiger Baustein zur Selbstständigkeit

SO MANCHE(R) Vierzigjährige muss den Eltern noch Rechenschaft über sein Kommen und Gehen ablegen und hat ein schlechtes Gewissen, ein paar Tage wegzufahren, ohne ihnen Bescheid zu sagen. Loslassen ist für Eltern schwierig, der Lohn aber groß: selbstständiger Nachwuchs, der Verantwortung für eigene Wege übernimmt und Probleme allein löst, statt Mamas Schürzenbändel zu suchen. Lassen Sie Ihr Kind Stück für Stück eigenständig werden, indem es immer anspruchsvollere Wege allein gehen darf. Das kann mit dem Weg zum Bäcker oder zur benachbarten Freundin beginnen, später folgt der Schulweg, und schließlich darf der Sprössling mit Gleichaltrigen selbstständig per Bus in die Stadt fahren. Zunächst sollten eigene Wege über bekannte Strecken führen, während der Grundschulzeit können unbekannte Strecken hinzukommen. Prinzipiell gilt: Traut Ihr Kind sich den Weg zu, klappt er auch.

Trainieren Sie mit dem Sprössling das Verhalten im Straßenverkehr (siehe Seite 133) und seien Sie Vorbild! Besprechen Sie auch, wie sich das Kind verhalten muss, wenn es angesprochen wird (siehe Seite 126). Vor allem machen Sie es zur Regel, dass Sie immer wissen, wo Ihr Kind hingeht und wann und wie es zurückkehrt (siehe Seite 124). Wenn Eltern es schaffen, ihr Kind von Anfang an Stück für Stück loszulassen, und ihm eigene Wege zutrauen, stärken sie sein Selbstvertrauen. Das macht stark.

Ein Autofahrer fragte Sarah, ob sie ihm ein gewisses Lokal zeigen könne. Die junge Gymnasiastin tat es nicht, doch ihre überfürsorglichen Eltern fuhren sie fortan zur Schule hin und her, obwohl diese nur 500 Meter entfernt lag. Auch nach dem Abitur hielten die Chauffeurdienste an: Eltern-Fahrservice statt 15 Minuten Fußweg zur Ausbildungsstelle. Sogar als Sarah selbst Auto fuhr, holten die Eltern sie nachts bei ihrem Freund ab: Sarah hatte Angst, auf den zwei Kilometern Autofahrt nach Hause könne etwas passieren …

SAG MIR, WO DU BIST

Mama & Papa haben die Verantwortung

VERLÄSST EIN KIND das Haus, so ist das A und O, dass Mama oder Papa weiß, wo es hingeht und mit wem: allein zum Spielplatz, zum Freund oder mit Nachbarskindern auf den Hof zum Toben. Schärfen Sie schon dem kleinen Wicht ein, sich bei Ihnen abzumelden! Zum einen signalisiert dies Interesse an seinem Tun, zum anderen wissen Sie dann, wie und wo Ihr Kind sich die Zeit vertreibt und wo Sie es finden, wenn es nötig ist. Zudem können Sie so rechtzeitig Pläne durchkreuzen: »Nein, zum Sandberg gehst du jetzt nicht mehr, wir müssen gleich zum Arzt.« Sofern Ihr Kind nicht in einem anderen Elternhaus zu Gast ist, sollte es auch Ortswechsel mit Ihnen absprechen: Zieht es zum Spielplatz los und will später doch lieber die Freundin besuchen, muss es Ihnen erst Bescheid sagen. Auch die Zeit des Heimkommens sollten Sie vereinbaren: »Komm rein, wenn die Laternen angehen« oder »Um sechs Uhr bist du zu Hause«. So lernt es, seine Zeit einzuteilen, und Sie warten nicht ungeduldig, bis der Junior sich bequemt zu erscheinen.

HILFSMITTEL »ZETTEL«

Sobald der Sprössling schreiben kann

WENN EIN KIND ÄLTER IST, entwickelt es Routine in eigenen Wegen. Es weiß, wohin es gehen und wen es besuchen darf. Je selbstständiger ein Kind wird, desto mehr können auch seine Eltern wieder mal allein ihrer Wege gehen: Die Tochter kann das Haus hüten, während Papa einkauft, der Junior ist allein daheim, bis Mama von der Arbeit kommt.

Möchte Ihr Kind während Ihrer Abwesenheit nach draußen, sind Zettel ein Hilfsmittel, um mitzuteilen, wo es steckt: »Bin am Teich« oder »Bin bei Louisa, ihre Mutter bringt mich um 5 Uhr zurück«. Sorgen Sie dafür, dass Zettel und Stift stets griffbereits sind. Praktisch ist auch eine kleine Tafel. Es sollte jedoch tabu sein, über außergewöhnliche Aktivitäten per Zettel zu informieren: Wer noch nie allein Bus gefahren ist, kann nicht aufschreiben, dass er das mal eben ausprobiert. So etwas muss persönlich besprochen werden.

Eltern können die Zetteltechnik auch nutzen: »Bin in einer halben Stunde wieder da« oder »Deck bitte schon den Tisch«. Solche Botschaften zeigen dem Kind vor allem eins: Mama/Papa ist zwar gerade nicht zu Hause, aber sie/er denkt an mich! Das sorgt für ein Gefühl von Sicherheit.

VERABREDUNG EINHALTEN

Zuverlässigkeit ist Trumpf

WAS VERABREDET WURDE, wird eingehalten. So hat die kleine Herumtreiberin um 18 Uhr auf der Matte zu stehen, wenn Mama das mit ihr ausgemacht hat. Wenige Minuten Überziehen sind hin und wieder akzeptabel, aber bei längeren »Zugaben« sollten Sie Konsequenzen ankündigen: »Sei nächstes Mal pünktlich hier. Sonst ist für dich eine halbe Stunde früher Schluss.«

Auch bei Verabredungen mit Spielkameraden sollte Zuverlässigkeit Trumpf sein. Wer sich für Dienstag mit Clara verabredet, der geht am Dienstag zu Clara, auch wenn inzwischen Marie ein attraktiveres Treffen vorgeschlagen hat.

Es ist wichtig, dass ein Kind lernt, zu seinem Wort zu stehen. Fragen Sie, wie es sich fühlen würde, wenn es sich auf einen Freund freut und der kurz vorher absagt, weil er »Besseres« vorhat. Auf ein »Fähnchen im Winde« baut niemand gern, mit ihm will man womöglich nichts mehr zu tun haben.

Manchmal lässt sich eine Verabredung partout nicht einhalten: bei Krankheit, wenn es am Picknicktag schüttet oder wenn eine bevorstehende Klassenarbeit Üben und Lernen erfordert. Fair und ein Gebot der Höflichkeit ist es dann, auf jeden Fall abzusagen – je eher, desto besser. Das Versetzen in letzter Minute ist fies und könnte bei der nächsten Verabredung zum Bumerang werden.

»MITGEHEN« ALS TABU

Gegen kriminelle Übergriffe

TIEF STECKT IN ELTERN DIE ANGST, ihr Kind könnte Opfer eines Gewalttäters werden. Das erschwert die Gratwanderung zwischen Behüten und Loslassen. Statistisch betrachtet, ist die Wahrscheinlichkeit, dass ein Kind Opfer einer Gewalttat wird, weitaus geringer, als im Straßenverkehr zu sterben. Außerdem bringt einen Täter vom Vorhaben nichts ab, so dass Vorbeugen ohnehin nur begrenzt möglich ist. Wägen Sie Ihre Angst gegen die Freiheit und Lebensfreude Ihres Kindes ab. Ohnehin lässt sich kein Kind auf Dauer zu Hause einsperren. Hören Sie von einem Verbrechen an einem Kind, verniedlichen Sie nichts, falls die Sprache darauf kommt, aber ersparen Sie Ihrem Kind verstörende Details. Sie nützen nichts, sondern verunsichern nur – ein Bärendienst. Denn je stärker und selbstbewusster ein Kind wirkt, desto seltener wird es Opfer. Täter mögen keine starken Kinder.

Geben Sie Ihrem Nachwuchs klare Orientierung. Erklären Sie, dass es Menschen gibt, die Kindern wehtun. Die mit Süßem oder putzigen Tieren in ihr Auto oder Haus locken, die sich als Polizisten ausgeben oder behaupten, Mama sei verunglückt. Spielen Sie zusammen durch, wie Ihr Kind reagieren soll, wenn es angesprochen oder um Hilfe gebeten wird: Tu, als hättest du nichts gehört, und gehe weiter. Für Auskünfte sind Erwachsene da. Ein guter Rat ist auch, an der nächsten Haustür zu klingeln und Hilfe zu erbitten.

Wichtigste Grundregel: Tabu ist, mit jemandem mitzugehen oder in ein Auto einzusteigen, ohne dass die Eltern dies wissen. Das sollte für Autos Fremder genauso gelten wie für Autos von Bekannten. Denn das Gros aller sexuellen Übergriffe geschieht im Bekannten- und Familienkreis. Ein Kompromiss ist, wenn Sie mit Ihrem Kind maximal drei Ausnahmepersonen überlegen, bei denen es spontan mitgehen und -fahren darf, etwa auf dem Rückweg vom Kindergarten. Fragen Sie ab und zu nach, ob es die Personen im Gedächtnis hat. Bei allen anderen gilt: Es wird – wenn möglich zusammen mit anderen Kindern – gelaufen oder mit dem Rad gefahren, wie mit Mama und Papa abgemacht (siehe auch Seite 124).

SCHLECHTES GEHEIMNIS

Worüber gesprochen werden muss

ERLEBT EIN KIND ETWAS, das ihm komisch vorkommt, sollte es wissen, dass es dies seinen Eltern erzählen darf. Das kann etwas sein, das ihm selbst passiert ist, oder etwas, das es beobachtet hat. Jeder Mensch sollte früh wissen, dass es »gute« Geheimnisse gibt, die schöne Gefühle auslösen, und »schlechte«, die komische Gefühle verursachen. Die guten darf er wie einen Schatz hüten: die Hilfe eines Freundes, einen Talisman, das Kompliment einer Lehrerin. Die schlechten soll er unbedingt erzählen, weil sie sonst die Seele quälen: Beleidigungen eines Kumpels, Tätlichkeiten eines Erwachsenen. Weiß Ihr Kind, dass Sie ohne Vorwurf ruhig zuhören und Verständnis zeigen, wird es Ihnen auch Sorgen und blöde Gefühle anvertrauen. Das ist der beste Weg, sie zu beseitigen und vielleicht Schlimmeres zu verhüten.

SPIELERISCH FÖRDERN 17

FREIRAUM SCHÄTZEN UND SCHÜTZEN

Wer nicht aufpasst, nimmt seinem Kind im Nu Freiraum. Allzu schnell wird es in ein Korsett aus Terminen und Pflichten gezwängt. Manche sind notwendig: Mahlzeiten, Kindergartenzeiten, Arzttermine. Kommen jedoch Babymassage, Babyschwimmen, Krabbelgruppe, Ballett, Musikschule, Malen, Reiten, Handball, Chor ... hinzu, bleibt kaum ein freier Nachmittag. Schenken Sie Ihrem Kind Freiraum, um sich zu entfalten. Sonst verlernt es, den Tag aus eigenem Antrieb zu gestalten. Ein Kind sollte sich spontan mit Freunden verabreden, schwimmen gehen oder »chillen« können. Nur so lernt es auch, sich selbst genug zu sein. Gönnen Sie ihm Langeweile, denn in dieser Leere gedeiht Kreativität – und das macht zufrieden. »Du langweilst dich? Macht nichts. Das kommt vor.«

BEI FREUNDEN RAUSHALTEN

Eigene Erfahrungen sind gute Lehrmeister

UPS, MIT WEM kommt der kleine Schatz denn da an? Wenn in der Grundschule Selbstständigkeit und Bewegungsradius eines Kindes zunehmen, trifft es immer häufiger eigenmächtig Verabredungen. Doch die neuen Spielgefährten gefallen Eltern nicht immer: Sie fürchten, dass das fremde Kind kein »Gewinn« für den eigenen Sprössling ist, ihm womöglich schadet. Überfürsorgliche Mamas und Papas versuchen dann sogar, den Kontakt zu unterbinden.

Verzichten Sie darauf, Ihr Kind derart einzuschränken. Denn zum einen machen Sie das, was Sie verbieten, für Ihr Kind erst recht interessant. Vor allem aber ist es wichtig, dass ein Kind eigene Erfahrungen mit Menschen sammelt. Es ist spannend und lehrreich für den Nachwuchs, hinter andere Türen zu gucken und sich mit den unterschiedlichsten Charakteren auseinanderzusetzen. In diesem abwechslungsreichen Miteinander findet der heranwachsende Mensch viel besser als im überbehüteten Terrain heraus, wer er selbst ist. Vertrauen Sie Ihrem Kind: Es merkt selbst, wer zu ihm passt und wer nicht. Das spürt es umso besser, je früher es sich im Umgang mit verschiedenartigen Kindern üben kann. Begleiten Sie es, indem Sie sich von Erlebnissen und Gefühlen erzählen lassen (siehe auch Seite 53).

Stella hatte in der dritten Klasse plötzlich Interesse für eine Schulkameradin, deren Familie Pferde und Riesenhunde besaß und die auf mich etwas merkwürdig wirkte. Ich hatte gemischte Gefühle, als ich meine Tochter zu einer Verabredung hinbrachte, sagte aber nichts, und als ich Stella abholte, war sie ganz zufrieden. Das wiederholte sich zwei, drei Male, bis die Mädchen offenbar das Interesse aneinander verloren. Ganz anders war's mit der türkisch-marokkanischen Kindergartenfreundin: Diese Freundschaft dauert bis heute an, und die Familie habe ich als überaus gastfreundlich, unkompliziert und hilfsbereit schätzen gelernt.

VERSTÄNDNIS FÜR AUSREISSER

Wer wollte nicht schon mal abhauen?

EINMAL ALLES HINSCHMEISSEN, allem den Rücken kehren! Im Grundschulalter taucht der Gedanke bei vielen, womöglich allen Kindern auf. So mancher Wicht schnürt ein Bündel, um loszuziehen. Ich verschwand einst durch den Hauswirtschaftsraum, wo ich mich beruhigen sollte, wusste aber nicht, was ich allein tun sollte, und kam heimlich wieder zurück. Niemand bemerkte es. Später führte ich geheime Listen über meine Sachen: falls ich abhauen und schnell packen müsste.

Triebfeder fürs Ausreißenwollen ist ein Mix aus Ärger, Abenteuerlust und dem Wunsch nach Selbstbestimmung. Zudem fühlt sich die kleine Seele oft durch einen akuten Anlass unverstanden, zurückgesetzt oder gar ungeliebt, meist wenn es Streit mit einem Geschwisterkind gibt und Eltern Partei ergreifen. Kaum ein Kind, das nicht mal gemutmaßt hätte: »Ich bin bestimmt nur adoptiert!«

Erwischen Sie Ihr Kind beim Ausbüxen, bleiben Sie cool. Machen Sie ihm keinesfalls Vorwürfe! Fragen Sie lieber nach dem Warum und zeigen Sie Verständnis: »Wo wolltest du denn hin?« Eltern sollten die Beweggründe des Ausreißers ernst nehmen und ihm versichern: »Ich habe dich lieb. Wenn du wegläufst, bin ich furchtbar traurig und mache mir riesige Sorgen um dich. Ich möchte, dass es dir gut geht.«

Weglaufwünsche können immer wieder mal auftauchen. Blicken Sie gemeinsam in die Zukunft: Überlegen Sie eine Vertrauensperson in der Nähe, die Zuflucht bietet, wenn Ihr Kind mal wieder von zu Hause wegwill. So ist es seinen Gefühlen nicht ohnmächtig ausgeliefert, und Sie wissen es an einem sicheren Ort.

Claudia wollte mit ihrer Grundschulfreundin Alena abhauen. Aber sie hatten keinen Grund dafür! Den schufen sie eines Tages selbst, als frische Eier an Claudias Haustür standen: Jedes Mädchen zerdepperte ein Ei, dann gaben beide aus Angst vor Schimpfe Fersengeld. Doch ihnen wurde mulmig zumute, als ein Gewitter begann. Claudia griff kleinlaut zum Telefon: »Mama, kannst du uns abholen?« Die zwei waren gerade mal bis zum örtlichen Supermarkt gekommen.

REISEN VORBEREITEN

So haben Kinder mehr von fremden Orten

VIELE ELTERN REISEN GERN, aber Kinder reizt die Fremde an sich meist nicht besonders. Sie mögen Vertrautes, freies Spiel und jemanden, der Zeit für sie hat. Beliebt sind daher Ferien mit Oma und Opa, am Strand sowie auf dem Bauernhof. Aber ob diese Orte nah oder am anderen Weltende liegen, ist dem Sprössling meist egal. Für ein Kind aus Hamburg ist Bayern ebenso exotisch wie Kreta. Wohl fühlt es sich, wenn Vertrautes (wie Abendritual oder Spiele) und Neues im Gleichgewicht sind.

Sinnvoll ist, dem Kind das unbekannte Terrain samt Sitten und Essen schon vor dem Start näher zu bringen, das weckt Neugier und Vorfreude: auf einen Zoo, hohe Wellen oder Berge. Gucken Sie gemeinsam in Atlas und Reiseführer, sprechen Sie über das, was Sie erwartet. Wird am Reiseziel eine andere Sprache gesprochen, können Sie schon mal Zahlen und Sätze wie »Guten Tag!« üben. All das macht das Fremde im Vorhinein ein wenig vertraut.

KINDER- UND JUGENDFERIEN

Urlaub allein unter Gleichaltrigen

MÖCHTEN SIE IM URLAUB in die Kinderdisco, Karaoke singen und mit Speckstein arbeiten? Wohl genauso wenig, wie Ihr Kind sich für Wandertouren, Stadtbesichtigungen und lange Lesestunden begeistert. Angesichts so unterschiedlicher Interessen gibt es mit dem Ende der Grundschulzeit eine einfache Möglichkeit, für Urlaubszufriedenheit aller Familienmitglieder zu sorgen: Kinder- und Jugendferien.

Die meisten Ferienfahrten, angeboten von Kirchen, Vereinen und anderen

Einrichtungen, sind ab neun oder zehn Jahren möglich. Ein gutes Einstiegsalter, denn dann ist der Weltenbummler schon recht heimwehfest. Später, wenn die Umbruchphase der Pubertät begonnen hat, sind Teenager oft zu unsicher, um sich auf das unbekannte Erlebnis einer Jugendfahrt erstmals einzulassen. Ist die Premiere gelungen, können Eltern und Kinder womöglich fortan zufrieden verschiedene Ferienwege gehen.

Weit entfernte Ziele sind zum Einstieg unnötig, der nur ein paar Kilometer entfernte Reiterhof ist genauso gut geeignet. Gönnen Sie Ihrem Kind den Urlaub auf eigenen Beinen unter Gleichaltrigen – inklusive dem unvergleichlichen Erlebnis von Schlafsaal, Streichen und Festen. Ihr Kind wird selbstständiger, lernt sich in eine Gruppe einzufügen und sein Geld einzuteilen.

Es gibt auch Ferienangebote ohne Übernachtung. Achten Sie aber darauf, dass Ihr Sprössling nicht mit Übernachtungsgästen in derselben Gruppe ist, dann hätte er das Gefühl, etwas zu verpassen, wenn Sie ihn abends abholen.

Für alle Kinder- und Jugendferien gilt: Tauchen Sie keinesfalls zwischendurch oder verfrüht dort auf, rufen Sie auch nicht an! Das hindert Ihr Kind an der Integration in die Gruppe.

MAL OHNE DUSCHE

Ferien als Ausnahmezeiten

WIE HERRLICH IST ES, im Urlaub etwas ganz anderes als im Alltag zu tun! Auch für Kinder sind Ferien dann wundervoll, wenn die Uhren mal anders gehen. Setzen Sie deshalb manche Alltagsregeln außer Kraft: Nehmen Sie es mit der Badprozedur weniger genau als sonst, essen Sie ausnahmsweise vor dem Fernseher oder lassen Sie Ihren Nachwuchs länger aufbleiben als im Alltag. Auch die Fingernägel dürfen jetzt mal bleiben, wie sie in Ferien meistens sind: schwarz. Und im Campingurlaub kann beim Geschirrspülen durchaus ein anderer Standard wie zu Hause gelten. Ihr kleiner Urlauber wird solche Ferien genießen, und auch für Sie wird es eine entspannte Zeit.

Bleiben Sie auch gelassen, wenn Ihr Sprössling mit anderen unterwegs ist und Sie anschließend hören: Kein Mal geduscht! Egal, das haben wir alle mal gemacht – und jetzt ab ins Bad!

ÜBER GELD SPRECHEN

Die Scheine wachsen nicht an Bäumen

UNTERWEGS ENTDECKT EIN KIND oft vieles, was es gerne hätte. Alle Wünsche lassen sich jedoch nicht erfüllen und sollten auch nicht erfüllt werden (siehe Seite 36 f.). Hinzu kommt, dass bei vielen Eltern und vor allem bei Alleinerziehenden das Geld knapp ist. Sprechen Sie also ruhig mal über Ihre finanzielle Situation. Nicht detailliert, aber so, dass der Nachwuchs Ihren Umgang mit Geld versteht.

Falls Sie keine finanziellen Sorgen haben, können Sie Ihrem Kind erklären, dass es trotzdem nicht ein üppigeres Taschengeld erhält. Es sollte ähnlich viel wie andere Kinder seines Alters bekommen, damit es sorgsam mit Geld umzugehen lernt, anstatt es für zu viel Essbares, das hundertste PC-Spiel oder das millionste Kuscheltier auszugeben.

Ist Geld in der Familie knapp, muss der Sprössling begreifen, dass teure Klamotten, häufige Kinobesuche oder ein edles Smartphone nicht machbar sind.

Rechnen Sie ruhig mal vor, wie viele Mahlzeiten sich für den Kaufbetrag eines gewünschten Artikels zubereiten ließen! Kinder sind verständiger, als viele glauben. Vor allem aber verkraften sie materielle Einschränkungen besser als seelische. Das neue PC-Spiel ist fürs Seelenheil nicht so wichtig wie Zeit und Interesse der Eltern.

Manchmal lassen sich auch preiswerte Alternativen zu kostspieligen Wünschen finden: Freizeitangebote in der Nähe sparen Fahrtkosten, Fahrgemeinschaften Zeit und Geld. Teure Artikel wie Kleidung, Elektronik oder Mountainbikes gibt es mitunter im Secondhandladen oder über das Internet sehr viel günstiger.

Als bei uns eine Zeit lang das Geld knapp war, wurde das Sparen und Vergleichen für meine Tochter im Nu zur Selbstverständlichkeit. Beim Einkaufen korrigierte sie mich sogar eines Tages, als ich im Supermarkt zu einer Flasche Rapsöl griff. Sie hielt mir eine andere Marke hin und erklärte: »Das hier ist viel billiger. Das hat Biancas Mutter auch.«

AUF DER STRASSE

Lebenswichtiges Training

IM STRASSENVERKEHR lauern viele Gefahren, richtiges Verhalten ist daher lebenswichtig. Eltern sollten es von klein auf mit ihrem Kind trainieren, damit es gesund von eigenen Wegen zurückkehrt. Das bedarf keiner großen Anstrengung, sondern erledigt sich mit Vorbildsein und wenigen Hinweisen fast nebenbei. Schon im Kinderwagenalter lässt sich dem Sprössling erklären: »Wir warten, bis das grüne Männchen leuchtet.« Später gilt als Regel, dass am Bordstein stehen geblieben und auf den Erwachsenen gewartet wird. Dann heißt es: Augen erst nach links, dann nach rechts und noch mal nach links, bevor die freie Straße überquert wird.

Auch an Querungshilfen haben Autos Vorfahrt! Nur am Zebrastreifen müssen sie für Fußgänger halten. Trotzdem sollte ein Kind lernen, an ihm zu stoppen und sich zu vergewissern, dass die Fahrzeuge tatsächlich halten – damit es nicht auf dem Zebrastreifen angefahren wird wie ich als Kind.

Wichtig ist auch, dem Sprössling einzuschärfen, wie er sich als Fußgänger auf Straßen ohne Gehweg sicher bewegt: Er sollte am linken Straßenrand gehen – dem Gegenverkehr entgegen. So sieht er die Fahrzeuge kommen, kann mit den Autofahrern sogar Blickkontakt aufnehmen und erkennt, ob sie ihn wahrnehmen und ausweichen. Falls nicht, lässt sich zur Not ins Grüne springen. Am besten üben Sie das mal gemeinsam!

Radfahren ist bis zehn Jahre auf dem Gehweg erlaubt – und das sollte ein Kind unbedingt tun. Die Straßenverkehrsordnung schreibt vor, dass »Kinder bis zum vollendeten 8. Lebensjahr« auf dem Gehweg sogar fahren müssen. Danach haben sie die Wahl, bis sie mit elf Jahren wie Erwachsene auf der Fahrbahn zu radeln haben.

Experten sagen sogar, dass erst Zwölfjährige das Radfahren im Verkehr sicher beherrschen. Denn es geht nicht nur um Strampeln und Gleichgewicht, sondern vor allem um Vorausdenken und Beobachten anderer Verkehrsteilnehmer. Der Erwerb eines Radfahrpasses gehört in Grundschulen zum Standard, was Eltern und Kind ebenso eine gewisse Sicherheit gibt wie viele gemeinsame Fahrten. Ihr Kind braucht Übung – natürlich mit Helm!

IN BUS & BAHN

So werden Kinder mobil

EINE INVESTITION IN DIE ZUKUNFT ist es, das Kind spätestens im Grundschulalter ans Unterwegssein mit Bus und Bahn heranzuführen. Denn ist es mit beidem vertraut, kann es zunehmend eigenständig losfahren zu Mitschülern, Kino oder Freibad. Ideal ist ein Schüler-Monatsticket. Das reduziert auch elterliche Chauffeurdienste enorm!

Erklären Sie Ihrem Kind, wie der Fahrplan gelesen wird, lassen Sie es Gleis und Haltestelle finden. Nach mehreren Fahrten können Sie die Rollen tauschen, um zu testen, wie fit der kleine Nahverkehrsfahrer bereits ist: Lassen Sie ihn vorangehen, Haltestelle suchen, Tickets bezahlen und am Ziel das Signal zum Aussteigen geben. Klappt das ohne Ihre Einmischung und wirkt Ihr Kind beim Ein- und Aussteigen sicher, kann es künftig allein mit Bus und Bahn starten. Es ist für Junioren ein tolles Gefühl, dies zu bewältigen. Zudem macht es sie unabhängig und stärkt ihr Vertrauen in die eigenen Fähigkeiten.

Möchten Sie, dass Ihr Sprössling in öffentlichen Verkehrsmitteln eine gute Figur macht, sind einige Benimmregeln angebracht: Füße gehören auf den Boden (statt auf den Sitz), Beine baumeln ruhig (statt zu zappeln), Eis bleibt draußen. Steigt eine alte oder schwangere Person ein, jemand mit Krücken oder anderem Handicap, so wird dieser Person der eigene Sitzplatz angeboten.

Da Pöbeleien und Übergriffe in Bus und Bahn vorkommen, sollte Ihr Kind wissen, dass es Mitfahrer oder Fahrer um Hilfe und Schutz bitten kann. Vorbeugend sollte ein allein fahrendes Kind sich im Bus möglichst nah zum Fahrer setzen, ansonsten stets auf einen Gangplatz. Neue Mitfahrer lässt es zum Fenster durchrutschen, um nicht zwischen Fenster und Fahrgast eingekeilt zu sein.

Claudia wohnt auf dem Land. Mit ihren Töchtern fährt sie einmal im Jahr mit Bus und Bahn zur Arbeitsstelle ihres Mannes: damit die Mädchen wissen, dass das geht. Die Tour mit zweimal Umsteigen dauert eine Stunde länger als die Autofahrt, aber sie zeigt Sophia und Lorena: Es ist möglich, ohne Auto zurechtzukommen!

IN DER BÜCHEREI

Anfassen erlaubt, aber gewusst, wie

SPEZIELL AN TAGEN, an denen es Bindfäden regnet, und bei großer Langeweile lohnt ein Ausflug in die örtliche Bücherei, da sich dort in vielem stöbern lässt: in Bilderbüchern und anderer Literatur, in der Sammlung von Hörbüchern und Filmen. Außer Lesetischen gibt es meist auch eine Kuschelecke zum gemütlichen Schmökern und eine Spielecke, wo sich jüngere Kinder beschäftigen können, solange Mama oder Papa das Angebot checkt.

Weil andere Menschen die Bücherei ebenfalls nutzen möchten, sind einige Regeln zu beachten: Die Finger sind sauber, Essen und Trinken gibt's nicht, und alles wird vorsichtig und achtsam behandelt. Außerdem ist eine Bücherei kein Spielplatz, sondern ein Ort, wo Menschen Ruhe suchen oder arbeiten. Deshalb gilt auch: Leise sein! Rennen, Versteckspielen und Krakeelen sind in der Bücherei tabu.

Hält die Leseratte sich nicht daran und kommt sie auch Ihrer mahnenden Erinnerung nicht nach, verlassen Sie sofort mit ihr die Bücherei und ziehen Konsequenzen: »Du bist viel zu laut, deshalb darfst du heute nur ein Buch ausleihen. Klappt es nächstes Mal mit dem Leisesein, kannst du dir auch eine DVD aussuchen.« So stellen Sie gleichzeitig den Lohn für besseres Verhalten beim nächsten Besuch in Aussicht.

Ein Plus am Besuch öffentlicher Büchereien: Dies Freizeitangebot ist kostenlos! Auch das Ausleihen von Büchern, CDs und Filmen ist – bis auf eine geringe Jahresgebühr – gratis. So lassen sich immer wieder neue »Trophäen« mit nach Hause nehmen.

Die Büchereileiterin war sprachlos: Ein Kind lief krakeelend durch die Gänge, weil ihm langweilig geworden war. Seine Mama hatte es in der Kinderecke zurückgelassen, um in Ruhe in der Stadt einzukaufen. Als die Leiterin der Mutter beim Zurückkommen erklärte, dass die Bücherei keine Kinderverwahrung sei, wurde die Frau noch pampig und beschwerte sich über diese Kinderunfreundlichkeit …

IN CAFÉ & RESTAURANT

Essen auf dem Präsentierteller

DIE SAAT FÜR ANGEMESSENES VERHALTEN sollte früh gelegt werden, etwa wenn's um Benimm in Café und Restaurant geht. Üben Sie dies mit dem Kind zu Hause, zur Belohnung können Sie bei Gelingen auswärts essen gehen. Grundregeln sind:

- Schmatzen und Schlürfen sind tabu.
- Ellenbogen beim Essen vom Tisch.
- Auf den Teller keinen »Berg« häufen (lieber nachnehmen) und nur so viel nehmen, wie gegessen wird.
- Rumrennen und Gebrüll lassen, am Tisch bleiben oder rausgehen.
- Tisch und Fußboden so hinterlassen, dass nachfolgende Gäste ebenfalls gern Platz nehmen.
- Schüsseln und anderes, das nicht in Griffnähe steht, anreichen (lassen).
- Ab dem Grundschulalter: korrekter Gebrauch von Gabel und Messer.

Ein i-Tüpfelchen: Gabel und Messer in Dachform auf dem Teller abgelegt bedeuten »Ich esse weiter«, liegen sie parallel schräg, heißt das »Ich bin satt«. Diese »Besteckspreche« beherrscht Ihr Kind im Nu, wenn zur »Geheimsprache« erklärt. Besprechen Sie mit ihm, was es essen möchte, doch lassen Sie es selbst bestellen. Das motiviert, sich erwachsen zu benehmen. Dann sind Kinder gern gesehene Gäste in Lokalen.

SPIELERISCH FÖRDERN 18

IINTERESSE FÜR FREMDE SPRACHEN WECKEN

»My name is Lea« – schon in der Grundschule steht Englisch auf dem Stundenplan. Damit will man die Lernkapazitäten des jungen Gehirns nutzen und den Start in die globalisierte Welt erleichtern. Wecken Sie die Lust am Lernen und das Interesse Ihres Kindes an anderen Sprachen, indem Sie mit ihm einfache Worte wechseln. Lebendig wird die Sprache im Restaurant mit zweisprachiger Speisekarte, im Urlaub oder zu Hause durch ausländische Gäste. Gehen Sie spielerisch heran und bemühen Sie sich um möglichst korrekte Aussprache.

BEI ARZT & FRISEUR

Es geht auch ohne »Heckmeck«

BEIM ZAHNARZT wird der Mund zugepresst, vor Spritzen gebrüllt, beim Friseur Theater gemacht. Bisweilen tragen Eltern dazu bei, indem sie um solche Termine viel Aufhebens machen. Wer vorher beteuert, es tue gar nicht weh, wer Schauergeschichten erzählt oder eigene Ängste durchscheinen lässt, muss sich nicht wundern, wenn sein Kind misstrauisch wird. Gehen Sie mit Ihrem Kind zu Arzt oder Friseur wie zum Supermarkt: ohne Heckmeck. Fragt das Kind, was auf es zukommt, banalisieren Sie nichts, aber bauschen Sie auch nichts auf. »Eis essen ist schöner«, könnten Sie sagen, »aber das muss jetzt sein. Andere schaffen das, und du auch.« Lassen Sie Ihr Kind eigene Erfahrungen machen. Gehen Sie zudem auf kleine Wünsche ein, dann ist vieles leichter: etwa wenn es in einer Praxis, in der zwei Ärzte arbeiten, einen mehr mag oder wenn es konkrete Vorstellungen über seine Frisur hat. Jürgen hasste den »Soldatenschnitt«, den Mama ihm immer wieder verpassen ließ, so sehr, dass er als Mann die Haare nie mehr kurz trug.

IN DER KIRCHE, AUF DEM FRIEDHOF

Besondere Räume der Stille

EINE KIRCHE ist ein »Gotteshaus«, und deshalb benimmt man sich dort anders als zu Hause. Ein Kind tut dies fast automatisch, wenn Erwachsene es ihm vormachen. Ihr Verhalten und die Ausstrahlung des Raums »färben ab«.

Unterstreichen Sie die Würde des Orts durchs konsequente Einfordern einiger Regeln: Kaugummi raus, Handy aus, Essen und Trinken gibt's nicht (höchstens fürs Kleinkind einige Gummibärchen), Rennen ist tabu. Gesprochen wird leise, im Gottesdienst gar nicht. Bei Jungs heißt es Kopfbedeckung runter, während Mädchen und Frauen sie aus alter Tradition aufbehalten dürfen. Auch die Kleidung sollte angemessen, ohne »zu viel Haut« sein. Gesangbücher sind pfleglich zu behandeln. Das Kind, das Pfarrer Ralph auf Mutters Schoß Seite um Seite rausreißen sah, sollte eine Ausnahme bleiben. Diese Regeln einzuhalten, schafft ein Kind bisweilen nicht, weil es zu jung, ungeübt oder gerade sehr unruhig ist. Kirchenbesucher tolerieren zwar, wenn ein Wicht mal dazwischenkräht, aber zu viel stört die Besinnung. Zollen Sie Respekt, indem Sie mit dem Unruhegeist rausgehen. Wieder hineinkommen ist ja jederzeit möglich.

Auch ein Friedhof ist ein Ort der Stille und mit besonderer Aura. Hier trauern Menschen, und das sollte ein Kind gleich beim ersten Besuch lernen. Erklären Sie, dass Reden erlaubt ist, aber Schreien und Rennen tabu sind.

IN KONZERT & THEATER

Der große Lauschangriff

EIN KIND IN EIN LANGES KONZERT oder ein Theaterstück zu zwingen kann zum Fiasko werden. Stuhlwippen, Summen, Reden, Quengeln: Es gibt viele Varianten, innere Unruhe abzulassen, und alle stören die anderen Leute im Publikum. Klug ist es, ein Kind in kleinen, altersgerechten Portionen an solche Situationen zu gewöhnen.

Ein mitgebrachtes Kuscheltier kann helfen. Wegweisend ist aber das Vorbild der Eltern: Seien Sie bei der Theatervorführung im Kindergarten ebenso still und aufmerksam wie beim Streichquartett in der Konzerthalle. Diese Konzentration auf das Bühnengeschehen hat mit der Wertschätzung des Dargebotenen zu tun, die sich am Ende in Applaus ausdrückt.

Als Einstieg eignen sich spezielle Kinderkonzerte und Kindertheaterstücke. Natürlich können Sie den Dreikäsehoch auch zum Jazzkonzert mitnehmen, doch wählen Sie einen Platz, der Weggehen erlaubt, sobald der Knirps streikt. Denn wenn dessen Geduld zu sehr strapaziert wird, verleiden Sie ihm solche Veranstaltungen dadurch möglicherweise auf ewig.

BEI SCHULFEST & CO

Feiern auf familiäre Art

HÜPFBURG, SCHMINKEN, ZAUBERER: Wo gefeiert wird, fühlen Kinder sich in der Regel wohl. Sie lieben Buntes, Aktion und Überraschung. Für Eltern ist es allerdings nicht immer besonders unterhaltsam, neben dem Zwerg zu warten, bis er ein Tigergesicht bekommen oder eine Rassel gebastelt hat. Allein lassen wollen sie ihn aber auch nicht, denn ist er fertig, flitzt er womöglich los und verirrt sich im Menschengewirr. So sind Eltern eines kleinen Kindes auf großen Veranstaltungen immer in Habachtstellung.

Eine entspannte Alternative sind Feste im geschützten Raum: Gemeindefeste, kleinere Straßenfeste, Feiern in Kindergarten und Schule. Auf überschaubarem Gelände können Mama und Papa ihr Kind »an der langen Leine« laufen lassen, am besten mit einem Freund – ein älteres Kind auch mit etwas Geld. So fühlt sich der Nachwuchs groß und frei, und Sie können unbesorgt herumschlendern oder Kaffee trinken, bis die gebastelte Kette oder der Tombolagewinn Ihnen stolz präsentiert wird.

AUF FREMDEM WC

Einer für alle und alle für einen

EIN WC hat fürs Kind einen gewissen Reiz. Dort passiert etwas, sowohl mit dem eigenen Körper als auch mit der Toilette: Papier wird abgerissen, die Spülung rauscht, Seife schäumt. Das verführt zu kilometerlangen Klopapierstreifen, Neben-die-Schüssel-Pinkeln oder Seifenseen. Dass dies für nachfolgende Nutzer unangenehm ist, sollte ein Kind möglichst früh verstehen lernen. Das Üben des richtigen Verhaltens fängt zu Hause an und geht auf öffentlichen Toiletten weiter. »Einer für alle und alle für einen« lautet die Devise. Erklären Sie Ihrem Kind von Beginn an, was sich auf dem WC gehört: wie viel Papier nötig ist, wie der Popo am besten abgeputzt und die WC-Bürste benutzt wird. Auch das Spülen nach getanem Werk leuchtet nicht jedem Kind sofort ein. Klappt das alles im Grundschulalter noch nicht, lassen Sie Ihr Kind den Slip mit »Bremsspur« von Hand waschen oder den Seifensee aufwischen, bis die Regeln sitzen. Die »Treffsicherheit« Ihres Sohnes können Sie fördern, indem Sie in die WC-Schüssel eins der Bildchen kleben, die es dafür zu kaufen gibt.

Vermeiden Sie Ekel vor fremden Toiletten, auch vor öffentlichen, sonst kann Ihr Kind diese vielleicht irgendwann nicht mehr benutzen (siehe Seite 106). Hauptsache, ein Klo ist da, wenn es gebraucht wird – auch wenn's mal stinkt. Wichtig ist das Händewaschen danach, und alles ist okay. Dabei sind allerdings die bei Kindern beliebten Händetrockner nicht empfehlenswert. Untersuchungen haben gezeigt, dass so Keime auf die Hände wirbeln und in Kombination mit der Wärme prima gedeihen. Ist kein Papierhandtuch da, lassen sich die Hände kräftig ausschütteln, dann trocknen sie einfach an der Luft.

TREFFPUNKT AUSMACHEN

Damit niemand verloren geht

»DIE KLEINE CHANTAL hat ihre Mutter verloren. Bitte melden Sie sich an der Information.« Ein Kind kann überall blitzschnell und unbeabsichtigt abtauchen: Es bleibt stehen, geht einen Gang weiter oder verliert sich zwischen Erwachsenen – schon ist es weg.

Eltern können und sollen ihr Kind nicht ständig an der Hand halten, schließlich soll es kein Baby bleiben, sondern selbstständig werden. Versuchen Sie lieber etwas anderes, wenn Sie auf dem Volksfest, am Strand oder im Kaufhaus Sorge haben, Sie könnten sich aus den Augen verlieren: Machen Sie einen markanten, leicht zu findenden Treffpunkt aus: »Falls wir uns verlieren, gehst du hier zur Kasse vorm Riesenrad. Da hole ich dich dann ab.« Führen Sie Ihr Kind zu dem geplanten Treffpunkt, damit es ihn sich einprägen kann. Zudem sollten ihn viele kennen, damit es gut danach fragen kann.

Claudia und ich bummelten mit dem zweijährigen Renaud durch die Innenstadt und hatten gerade die Auslage eines Blumenladens bewundert, als wir merkten, dass der Junge nicht mehr neben uns stand. Wir suchten die Fußgängerzone ab – vergeblich. Außer uns vor Sorge riefen wir die Polizei an und hörten, dass ein Mann das durch ein Wohnviertel irrende Kind gefunden hatte. Er habe nach Hause gewollt, erklärte Renaud uns beim Abholen.

ELTERN EXTRA

Andere einbeziehen

Eine afrikanische Weisheit sagt: »Es braucht ein ganzes Dorf, um ein Kind zu erziehen.« Das meint nicht, dass Kindererziehung einen Menschen oder ein Elternpaar überfordert, sondern dass ein Kind von jeder Person etwas anderes lernen kann, was ihm im Leben nützlich ist. Das afrikanische Dorf steht sinnbildlich auch bei uns für den vielgestaltigen **Lebenskosmos** mit Lehrer, Bäcker, Pfarrer, Tischler, Landwirt, Künstler … Nutzen Sie das Knowhow anderer in der Erziehung. So können Oma und Opa vieles lehren, zu dem Sie selbst keinen Zugang, Zeit oder Lust haben (siehe Seite 121). Babysitter lösen Probleme auf eigene Weise, und die Eltern von Spielkameraden zeigen, dass mit denselben Dingen anderswo anders umgegangen wird.

Binden Sie Ihren Sprössling nicht zu Hause an, sondern lassen Sie ihn mit anderen Menschen **Kontakt aufnehmen.** Das bereichert und bildet ihn – und entlastet Sie überdies. Beispielsweise können Sie Ihr Kind, wenn es gerade mal als Nervensäge durchs Haus geistert, der Nachbarin überlassen – und ein Stündchen später ein Kind abholen, das wie ausgewechselt und zufrieden ist. Den so entstehenden Freiraum können Sie für sich selbst nutzen.

Im Kontakt mit anderen lernt ein Kind beiläufig verschiedene Verhaltensweisen kennen und mit ihnen umzugehen. Eine zu starke Fixierung auf die Eltern wird verhindert, der Blick geweitet – wohl wissend, dass Mama und Papa die Nummer eins der Bezugspersonen sind. Womöglich kann Ihr Kind irgendwann sogar mit einer Vertrauensperson außerhalb der Familie etwas besprechen, das es Ihnen als Eltern nicht erzählen kann oder möchte. Bei ihr kann es dann **Dampf ablassen.** Zum Beispiel, wenn es sich über Verhalten, Anweisungen oder Regeln von Ihnen ärgert.

SCHULE

Der Schuleintritt ist ein Meilenstein im Leben eines Kindes. Plötzlich gibt es neben den Eltern eine fast gleichberechtigte Autorität: die Lehrerin oder den Lehrer. Ihr Kind hat auf einmal viele Pflichten und muss eine Menge Eigenverantwortung zeigen, Sie selbst müssen Loslassen und Nichteinmischen üben. Damit alles gut läuft, gilt es auf ein paar Dinge dieses neuen Lebensabschnitts zu achten.

RANZEN-GLÜCK

Was man liebt, benutzt man gern

MAJA WILL PRINZESSINNEN, Leo Delphine, Marlon Rennwagen. Eltern haben oft ganz andere Vorstellungen von einem schönen Schulranzen als Kinder, doch wer den Wunsch des Abc-Schützen erfüllt, legt die Basis für einen guten Schulstart. Das Gleiche gilt für Mäppchen, Stifte, Lineal, Blöcke, Trinkflasche und Co: Jeder arbeitet lieber mit dem, was er mag, als mit Dingen, die er blöd oder langweilig findet. Wer als Mädchen den abgenutzten Weltall-Schulranzen des Bruders auftragen muss, wird sicher Widerwillen gegen ihn hegen – und damit unterschwellig gegen alles, was mit ihm zu tun hat, wie Hausaufgabenmachen und Lernen. Ist ein Erstklässler jedoch stolz auf seine Sachen, steht der Schulalltag unter einem guten Stern.

ELTERN SIND ENTSCHEIDER

Ein Kind darf Kind sein

»ICH WILL IN DIE SCHULE, in die Nora geht!« Ein Kind fühlt sich dort hingezogen, wo es Freunde hat. Das gilt im Sandkasten wie bei der Schulwahl. Doch so wie Eltern beim Hosenmatz darauf achten, dass er an ungefährlichen Orten spielt, sollten sie später auf passende Rahmenbedingungen achten, beispielsweise die Schule wählen, die zum Sprössling passt: weil sie zu Fuß erreichbar ist, weil sie auf Integration setzt, weil sie einen guten Ruf oder kleine Klassen hat. Ein Freund in derselben Klasse ist ein Kriterium, das aber nicht überbewertet werden sollte. Denn ein Kind findet in der Schule schnell neue Freunde, und alte Kita-Bande können gegebenenfalls am Nachmittag gepflegt werden. Machen Sie Ihrem Kind klar, dass Sie als Eltern

Entscheider sind. Sie hören ihm zu und bedenken seine Worte. Doch die Entscheidung treffen letztlich Sie, denn Sie tragen die Verantwortung für Ihr Kind.

Überschaubare Fragen können Kinder schon mitbeantworten: Was spendiere ich der Klasse an meinem Geburtstag? Welche Stifte kommen ins Mäppchen? Weitreichende Entscheidungen sollte es nicht fällen müssen. Es sollte Kind sein dürfen. Entlasten Sie es von Fragen, deren Antwort Sie selbst nur schwer finden.

Manche Elternentscheidung ist unliebsam fürs Schulkind: zur Schule laufen, statt chauffiert zu werden, der Besuch einer Ganztagseinrichtung oder Nachhilfeunterricht. Aber je selbstverständlicher Sie eine Entscheidung vertreten, desto leichter wird sie akzeptiert. Erst mit der weiterführenden Schule, wenn der Nachwuchs erfahrener und unabhängiger wird, sollten Sie ihn bei Entscheidungen verstärkt einbeziehen, etwa bei der Wahl der Fremdsprache.

SPIELERISCH FÖRDERN 19

SCHLUMMERNDE TALENTE WECKEN

Dennis macht Hip-Hop, Marlene boxt, Jan spielt Trompete. Jedes Kind hat seine Vorlieben und Talente. Wenn solche inneren Schätze ihren Glanz entfalten können, ist das fürs Kind wunderbar. Es kann sich verwirklichen und erhält auf seinem Spezialterrain Bestätigung. Denn das, was jemand besonders gerne macht, kann er in der Regel auch besonders gut. Talente vererben sich nicht immer, und welcher Schatz im Nachwuchs schlummert, ist Eltern nicht immer frühzeitig klar – vor allem wenn die Begabungen und Neigungen des Kindes nicht ihren eigenen Vorlieben entsprechen.
Wer aufmerksam ist, kann im Alltag zwar manches erkennen, was dem Kind liegt, aber ein Faible für Eishockey oder Oboe tritt kaum »von allein« zutage. Um solche Talente aufzuspüren, ist es gut, wenn Sie Ihrem Kind Angebote aus verschiedenen Bereichen ermöglichen: Nach dem Schwimmkurs kann die Bewegungsfreude weiter mit Karate oder Kinderzirkus getestet werden. Prüfen Sie auch die musische und künstlerische Ader des Sprösslings mit Chor, Musikschule, Malen oder Werken. Wichtig ist, dass das Kind gern hingeht. Andernfalls lassen Sie den »Fehlgriff« wieder unverkrampft sausen.

ALLEIN ZUR SCHULE

Schulweg als Lernweg und Freiraum

KILIAN TAUSCHT auf dem Fußweg zur Grundschule Fußballbildchen. Stella fährt mit dem Einrad zum Unterricht. Jens zofft sich mit anderen im Bus… Es gibt viele Arten, einen Weg zurückzulegen. Der Clou am Schulweg: Er ist ein erwachsenenloser Freiraum – sofern Eltern ihn dem Kind gönnen und Hol- und Bringdienste lassen. So unbeobachtet zu sein bedeutet Freiheit und macht das Kind eigenverantwortlich, selbstbewusst und stark. Es spürt, dass es auch mal ohne Erwachsene klarkommen kann – und dass ihm seine Eltern genau das zutrauen.

Natürlich kann ein Kind auf dem Schulweg mal in die Brennnesseln geschubst werden. Aber wenn Sie ein offenes Ohr für den Sprössling haben, lassen sich Probleme bewältigen und Lösungen finden, die ihn später befähigen, selbst mit Schwierigkeiten umzugehen. Der Schulweg wird zum Lernweg. Erfahren Sie allerdings, dass Ihr Kind oder ein Mitschüler systematisch getriezt wird oder auflauernde »Mobs« unterwegs sind, sollten Sie mit Lehrern und anderen Eltern sprechen.

Haben Sie mit Ihrem Erstklässler den Schulweg geübt (siehe Seite 133), lassen Sie ihn also getrost allein ziehen. Auch wenn andere Eltern mit Autos die Zufahrt zur Schule verstopfen und Ihr Kind aus Bequemlichkeit ebenfalls chauffiert werden möchte: Bleiben Sie konsequent. Der »Freiraum« Schulweg hat noch zwei weitere Vorteile: Zum einen macht auf dem Hinweg die frische Luft munter, was sich positiv auf Körpergefühl und Konzentration auswirkt. Zum anderen kann sich das Schulkind auf dem Heimweg nach stundenlangem Sitzen bewegen. Zu Hause angekommen, ist dann so manche Aggression schon von der Seele gerannt oder gebrüllt, mancher Frust längst verraucht.

Stella hatte die Schulbus-Haltestelle fast vor der Haustür. Eines Tages entschied sie, künftig früher aufzustehen und zu einer anderen Haltestelle zu laufen, weil dort ihre Freundin in den Bus stieg. Ihre Erkenntnis nach einigen Wochen: »Mama, ich bin jetzt immer viel wacher in der Schule. Das liegt am Gehen!«

ELTERN BLEIBEN DRAUSSEN

Hoheitsbereich von Kind und Lehrern

MIT DER EINSCHULUNG lernt ein Kind ein neues Vorbild kennen: die Lehrerin oder den Lehrer. Eltern haben fortan Konkurrenz, denn ihr Wort gilt nicht mehr uneingeschränkt, das der Lehrkraft meistens sogar mehr. Eine Hilfe fürs Kind ist es, wenn Sie die Hoheitsbereiche trennen. Im Grunde ist es ganz einfach: In der Schule gelten die Regeln der Schule, zu Hause die der Familie. So kommt das Kind in keinen Loyalitätskonflikt. Für Mama und Papa bedeutet das zugleich, ihr groß gewordenes Baby ein weiteres Stück loszulassen und anderen Erziehern anzuvertrauen. Dieses Loslassen beginnt ganz augenfällig, sobald ihr Kind das Schulgelände betritt.

Wer sein Kind zur Schule begleitet, sollte deshalb bereits vor dem Schulgelände Abschied nehmen oder einen frischgebackenen Erstklässler längstens eine Woche höchstens bis zur Schultür bringen. Damit erkennt der Sprössling klar: Das ist mein Bereich, in dem ich allein zurechtkommen muss und darf, ausgerüstet mit meinem Schulranzen und dem Zutrauen meiner Eltern. Diese Wertschätzung der kindlichen Kompetenz stärkt das Ich. Keinesfalls sollten Sie den Ranzen wie ein Packesel zur Klasse tragen (siehe Seite 149)!

Fürs Abholen gilt dasselbe: Warten Sie vor der Schule, sofern Sie nicht mit einer Lehrkraft ein aktuelles Problem besprechen möchten. Für Schwätzchen haben Lehrer ohnehin meist keine Muße, aber vielleicht treffen Sie ja andere wartende Eltern, mit denen Sie sich über dies und das austauschen können.

Als Lars im dritten Schuljahr war, trug seine Mutter ihm den Schulranzen noch immer bis in die Klasse. Auch im vierten Schuljahr holte sie den Sohn häufig an der Klassentür ab, was das begabte Kind jedes Mal ins Stadium eines Zweijährigen zurückversetzte, der nichts allein geregelt bekommt. Für Grundschullehrerin Carina kein Einzelfall. Sie staunte auch über eine Mutter, die nicht nur den Ranzen bis zum Sitzplatz ihres Kindes trug, sondern zudem dessen Tisch täglich sauber wischte!

MEIN SCHULRANZEN …

Der kleine Chef ist verantwortlich

DIE SCHULTASCHE ist eine Art Außenposten der Schule: In ihr befinden sich Arbeitsmittel, Mitgeschriebenes und viele leere Seiten für Hausaufgaben. So wie Eltern spätestens am Schulhof haltmachen sollten (siehe Seite 146 f.), damit ihr Sprössling die Chance hat, sich im Schulalltag allein zu bewähren, sollten sie auch am Schulranzen stoppen. Das eigenmächtige Durchforsten oder Ausmisten der Schultasche ist ein unguter Übergriff. Denn das sabotiert die Eigenverantwortlichkeit, die der Schüler lernen soll. Zu ihr gehört ja nicht nur, Lesen und Schreiben zu beherrschen, sondern auch, selbst an den Turnbeutel zu denken und die eigenen Schulsachen zu pflegen.

Natürlich ist ein Erstklässler zunächst mit der Sorge für seinen Ranzen überfordert. Um ihn damit vertraut zu machen, packen Sie am Abend gemeinsam Bücher und Hefte für den nächsten Tag ein. »Du bist der Chef!« ist dann die Devise. Sie spielen Assistent, indem Sie höchstens Hinweise geben wie »Hast du deine Stifte?« oder »Welche Fächer hast du morgen?«. Sie leiten an: »Ich zeige dir jetzt mal den Trick, wie du Hefte sortierst, damit sie keine Eselsohren kriegen.« Haben Sie das Gefühl, im Ranzen sammeln sich zu viele Schnipsel, Bonbonpapierchen und Spielzeuge, räumen Sie ihn gemeinsam mit dem Kind auf: »Einmal ausleeren und neu einräumen, bitte!« Sortieren Sie nicht ohne das Okay Ihres Kindes aus! Es hat sein eigenes Ordnungssystem, mit dem es seine Siebensachen findet.

Damit Pausenbrote nicht in der Schultasche vergammeln und weiter mitgeschleppt werden, lassen Sie Ihr Kind eine schöne Brotdose aussuchen. Die fordern Sie jeden Abend zurück, am nächsten Morgen muss sie ja neu befüllt werden.

Annalena hatte im Religionsunterricht mehrfach Arbeitsblätter der vorigen Stunde nicht dabei und musste manche Aufgabe von vorn bewältigen – ihre Mutter hatte die zerknitterten Blätter eigenmächtig entsorgt. Ein guter Pakt wäre für Mama und Kind in einem solchen Fall: »Du heftest ab jetzt die Blätter ordentlich ab, und ich schaue dafür nicht mehr in den Ranzen!«

… MEINE SACHE!

Eltern sind keine Lastesel

ES KLINGT SELTSAM und kommt doch häufig vor: Manches Schulkind trägt den Ranzen nicht selbst in die Schule, sondern hat einen Lastesel: Mama oder Papa! Das ist fürsorglich gemeint, verkehrt aber die Verantwortlichkeiten. Jeder Schüler ist für seine Schulsachen zuständig und damit auch für den Ranzen. Ein Abc-Schütze ist in der Regel sogar stolz, das Zeichen des Großwerdens endlich schultern zu dürfen. Lassen Sie ihm das Gefühl, Herr seiner Schulsachen zu sein! Abgesehen davon wird Mamas oder Papas Bereitschaft, sich fürs Schulkind zum Packesel zu machen, von diesem flugs auf anderes übertragen: Mama kann doch auch die Badesachen allein zum Auto schleppen, Papa soll die schlammigen Fußballsachen allein nach Hause tragen.

Manche haben Bedenken, der Schulranzen könne für den im Wachstum befindlichen Kinderrücken schädlich sein. Das ist wissenschaftlich widerlegt. Ist der Ranzen nicht schwerer als 10 bis 15 Prozent des Körpergewichts des Schülers, ist es in der Regel unproblematisch. Das Gewicht trainiert sogar die Muskulatur. Wichtig ist, die Tragegurte individuell passend einzustellen, damit der Ranzen richtig auf dem Rücken sitzt. Das können Sie sich im Fachgeschäft zeigen lassen. Zudem sollte der Inhalt nicht zu sehr hin und her schlackern.

Mirkos Mutter hob den Schulranzen aus dem Kofferraum, während der Sohn schon Richtung Schulgebäude trottete, als gehe ihn die Tasche nichts an. »Mirko!«, rief ich dem Zweitklässler zu, »du kannst deinen Ranzen doch schon selbst tragen!« Er guckte verdutzt. Mit Augenzwinkern zur Mutter, damit sie's nicht krumm nahm, redete ich mit Mirko weiter, als gäbe ich eine Insider-Information preis: »Ich glaube, deine Mama vergisst manchmal, wie groß du schon bist. Im zweiten Schuljahr!« Die Mutter spielte mit: »Ja, das stimmt, das vergesse ich schon mal.« Mirko kam ein paar Schritte zurück, nahm kommentarlos seinen Ranzen und trägt ihn seither selbst.

RAUM LASSEN

Jeder hat seinen eigenen Lernstil

EIN KIND IST VON NATUR AUS LERNWILLIG und motiviert, sich Neues anzueignen – sonst hätte es schließlich auch nicht Laufen, Sprechen und vieles andere gelernt. Die meisten Kinder freuen sich daher auf die Einschulung und sind gespannt auf das, was auf sie zukommt. Machen Sie dem Nachwuchs den Unterricht nicht madig durch Drohungen wie »Dann lernst du mal den Ernst des Lebens kennen!« oder »Dann ist Schluss mit lustig!«. Halten Sie sich auch zurück mit Erzählungen von möglicherweise schlechten Erfahrungen aus Ihrer eigenen Schulzeit. So verunsichern Sie Ihr Kind nur oder machen ihm sogar Angst. Fördern Sie stattdessen eine positive Grundhaltung gegenüber der Schule: »Du wirst dort so viele interessante Sachen lernen!«

Es ist toll, wenn die anfängliche Lernmotivation, der Zauber des Neubeginns, möglichst lange erhalten bleibt. Dazu braucht das Kind Raum: um das eigene Lerntempo zu finden. Um persönliche Neigungen zu erkennen. Um das Lernen zu lernen.

Da zu Beginn und auch mal zwischendurch elterliche Begleitung und Kontrolle sinnvoll sind, liegt die große Kunst für Mama und Papa in der Gratwanderung zwischen »Machenlassen« und Einmischen. Unterm Strich kommt es gar nicht so sehr darauf an, ob Sie eine strengere oder lässigere Haltung in puncto Schule an den Tag legen, ob Sie Hausaufgaben überprüfen oder nicht. Die Hauptsache ist, dass Sie eine klare Linie verfolgen und Ansagen machen, die Sie auch einhalten.

Es kann ein Kind aber schier verrückt machen, wenn die Eltern es ständig gängeln: wenn sie andauernd nachbohren, wenn sie ihren Senf zu allem abgeben, wenn sie ungebeten gute Ratschläge erteilen und ständig die Äußerungen ihres Sprösslings kommentieren (siehe auch Seite 16). Das engt ein Kind ein, verunsichert es und nimmt ihm die Lust am Lernen. Das wäre genauso, als würde Ihr Chef Ihnen andauernd auf die Finger gucken. Halten Sie sich also zurück, trauen Sie Ihrem Schulkind etwas zu und lassen Sie es eigene Lernerfahrungen machen. Ein Kind braucht genug Raum, um sich und seine Stärken entfalten zu können.

ELTERN-URTEIL SELTEN

Besserwisserei demotiviert

EIN ERWACHSENER WEISS MEHR als ein Grundschüler. Aber er sollte das nicht herauskehren und nicht dauernd besserwisserisch beurteilen, was der Nachwuchs sagt oder tut. Ein Kind braucht keinen Richter zu Hause. Das macht klein und fördert die Angst, etwas falsch zu machen. So kommen Fehler und schlechte Leistungen oft erst zustande. Geraten Sie nicht in diesen Kreislauf!

Es macht ein Kind stolz, kluge Eltern zu haben. Doch bei den meisten Dingen des (Schul-)Alltags ist es besser, wenn Eltern sich raushalten. Schreibt Ihre Tochter in Zeitlupe oder ist Ihr Sohn kein Ballkünstler, schwärmen Sie nicht von Ihren eigenen Fähigkeiten. Sagen Sie lieber: »Heute hast du eine halbe Stunde fürs Abschreiben gebraucht. Ich wette, das kannst du schneller und dann eher zum Spielen. Such dir mal einen langen Satz, den schreibst du jeden Tag, und ich stoppe immer die Zeit.« Das Ballspiel mit dem Sohn sollte auf Augenhöhe stattfinden – Tricks ab und zu inbegriffen.

SPIELERISCH FÖRDERN 20

DURCHHALTEN ÜBEN UND SICH ANSTRENGEN

»Ich kann nicht mehr; mach du weiter!« Mit Leidensmiene sitzt der Sprössling im halb aufgeräumten Zimmer oder vorm teilweise geputzten Fahrrad. Ermuntern Sie zum Durchhalten: »Wie das blitzt! Das meiste hast du ja schon geschafft.« Auch den Ehrgeiz zu kitzeln, kann beflügeln: »Das sieht ja schon toll aus! Ob du vor dem Abendessen fertig bist?« Ein Kind strengt sich anfangs bei lästigen Sachen für seine Eltern an. Lehren Sie es das »Anstrengen für sich selbst«, indem Sie es nicht unnötig schonen. Das fängt beim Laufenlernen an: Geben Sie höchstens kleine Hilfestellungen. Nuschelt Ihr Kind? Fragen Sie »Wie bitte?«, statt seine Worte zu deuten.

DEM KIND ETWAS ZUTRAUEN

Die beste Basis fürs Lernen

DAMIT EIN KIND sich anstrengt, mitmacht und etwas leistet, ist eins sehr wichtig: Es braucht das Gefühl, dass seine Eltern ihm etwas zutrauen. Es sollte beim Lernen und Hausaufgabenmachen spüren: »Meine Eltern haben Vertrauen zu mir und meinen Fähigkeiten.« Stärken Sie deshalb Ihrem Kind emotional den Rücken – mit Geduld, manchmal mit Hilfe. Zutrauen bedeutet nicht Schönreden! So gelingt dem kleinen Bildungsbürger mehr als jenen Mitschülern, die zu Hause hören »Du bist ja dumm«, »Kannst du das auch nicht?« oder »Du wirst das wohl nie lernen«. Bei Problemen helfen einem Schüler ermunternde Worte: »Hab Geduld, dann klappt es«, »Versuch's noch mal!« oder »Das schaffst du allein! Wenn du willst, sehe ich mir später alles an.«

LERNEN OHNE DRUCK

Die (Lern-)Neugier erhalten

HIRNFORSCHER BELEGEN, was gute Pädagogen längst wissen und viele Eltern spüren: Am besten lernt es sich mit Spaß an der Sache. Druck schadet – besonders am Anfang. Er zerstört Leichtigkeit und Motivation. Druck erzeugt Gegendruck, das ist eine Erkenntnis aus der Physik, die auch im seelischen Bereich gilt. Erfolgreicher und nachhaltiger motivieren Sie ein Kind, wenn Sie seine Neugier wecken. Denn Neugier und die Fähigkeit, einen Sachverhalt auf andere Situationen übertragen zu können, sind nach aktueller Forschung die zwei Eckpfeiler der Intelligenz.

Druck wird jedoch nicht nur durch Vokabelabfragen und Hausaufgabenkontrolle erzeugt – beides kann sogar eine sinnvolle Lernhilfe sein.

Druck hat vor allem etwas mit Erwartungen zu tun. Manche Eltern stecken sie so hoch und sehen sie so verbissen, dass sie sogar vor »harten Bandagen« gegenüber ihrem Kind nicht zurückschrecken: Lehrerin Kerstin bekam Anwaltspost, weil sie einem Jungen im Zeugnis eine Vier in Religion und Kunst gegeben hatte. Ein Schüler, dessen Mama und Papa Zweien und Einsen erwarten, steht unter enormem Stress. Er kann völlig grundlos Angst vor schlechteren Noten entwickeln. Solcher Druck schadet. Bleiben Sie also locker und gestehen Sie Ihrem Kind seinen eigenen Lernrhythmus zu. Lassen Sie Spielraum für individuelle Lernerfahrungen. Bleiben Sie interessiert am Ball (siehe nächstes Rezept) und lassen Sie sich überraschen, was im Nachwuchs steckt, indem Sie bei ihm Neugier und Ehrgeiz kitzeln. Dann hat er hoffentlich Freude am Lernen. Schule darf Spaß machen!

INTERESSIERT ANTEIL NEHMEN

Erzählen ist freiwillig

ANTEILNAHME IST ETWAS BEGLÜCKENDES. Auch in Schuldingen ist sie ganz hoch zu schätzen. Wer ehrliches Interesse an dem zeigt, was der Sprössling in der Schule macht, lässt ihn Wertschätzung spüren und schürt die Motivation. »Was habt ihr heute in Englisch gemacht?«, könnten Sie fragen. Oder: »Wie bist du mit dem Kunstprojekt zurechtgekommen?« So signalisieren Sie Ihrem Kind, dass Sie an seiner Welt Anteil nehmen. Nebenbei frischen Sie Ihr Wissen auf: Vielleicht steht Ihre Tochter stolz als Fachfrau da, wenn Sie Ihnen einen Zahlentrick vorführt oder aus der biblischen Geschichte von Jakob und Esau erzählt. Wenn Sie nachfragen, dann am besten mit offenen Fragen, die sich nicht mit Ja oder Nein beantworteten lassen, so hat Ihr Kind Spielraum für seine Antwort.

Manche Kinder sind erzählfaul – wie meine Tochter, besonders vorm Mittagessen. Dann ist es unklug, zu drängen, denn wer gelöchert wird, erzählt womöglich nichts mehr. Andere Schüler reden gern über Erlebtes. Dann kann ein Ritual daraus werden, wie bei Astrid: Ihre Jungs gingen täglich den Unterricht Stunde für Stunde durch, um von Inhalten und Besonderheiten zu berichten. Wichtig ist: Beurteilen und bewerten Sie kaum (siehe Seite 151), hören Sie einfach zu, kleine Nachfragen genügen.

EIGENE ERFAHRUNGEN GÖNNEN

Die Schulzeit erlebt jeder anders

EIN SCHULKIND sollte eigene Erfahrungen mit der »Penne«, mit den Lehrern und Mitschülern machen dürfen. Da jeder beim Thema Schule mitreden kann, ist es leider sehr verführerisch, dem Kind persönliche Erfahrungen mit in den Ranzen zu packen: »Sport ist Mord« oder »Mathe ist furchtbar«. So hat mancher Erstklässler bereits ein Bild von der Schule, bevor er einen Fuß hineinsetzt. Fatal ist auch, mit Sätzen wie »In der Schule werden dir mal Manieren beigebracht« oder »Dann ist die schöne Zeit vorbei« ein bedrohliches Bild zu zeichnen. Zumal es falsch ist, denn Unterricht kann Spaß machen. Mut machende, motivierende Schulgeschichten sind willkommen, negative Altlasten behalten Sie lieber für sich, da sie Ihrem Kind nichts nutzen. Womöglich behindern sie es sogar in seiner Entwicklung, weil es sie als Bürde oder Ausrede (»Mein Papa konnte auch nicht zeichnen«) mit sich schleppt. Erst wenn das Schulkind eigene Stärken und Schwächen erkennen lässt, können Erinnerungen der Eltern eine belustigende, entlastende oder überraschende Wirkung haben.

SPIELERISCH FÖRDERN 21

VERTRAUEN IN DIE EIGENEN HÄNDE

Wer schnitzt seinen Löffel noch selbst oder baut im Garten Kartoffeln an? Das Vertrauen in die eigenen Hände macht unabhängig. Fördern Sie es, indem Sie Ihrem Kind beibringen, was sich alles selbst machen lässt: einen Turm aus Bauklötzen bauen, Blumen pflanzen, ein Regal zimmern, einen Schal stricken, ein Zimmer streichen. Je älter das Kind ist, desto mehr können Sie im Hintergrund bleiben. Wichtig ist, dass der Nachwuchs erfährt: Ich kann mit meinen Händen etwas schaffen! Das kommt ihm sicher mal zugute, denn es spart sogar Geld.

AUFLAUFEN LASSEN

Das schult die Umsicht

DEN NEUEN LEBENSABSCHNITT SCHULE zu beginnen, gibt dem Kind das Gefühl »Jetzt bin ich groß!«. Es merkt, dass es auf einmal entscheiden darf und sich in einem Raum bewegt, auf den seine Eltern keinen unmittelbaren Zugriff haben: Sie wissen nicht, wie das Heft geführt werden soll oder was die Lehrerin gesagt hat. Das führt beim Schulkind manchmal zu Übermut, Selbstüberschätzung oder Fehlkalkulation: Wer die Hausaufgaben auf morgen schiebt, kommt womöglich ins Schleudern. Wer glaubt, sein Rechenbuch zu Hause lassen zu dürfen, kann in der Schule womöglich nicht richtig mitarbeiten.

Statt dem Kind dauernd auf die Finger zu gucken, sollten Eltern es – nach der Eingewöhnungsphase – aus den Folgen seines Verhaltens lernen lassen. Denn der kleine Neunmalklug muss begreifen, dass er für schulische Dinge selbst zuständig ist. Falls ihm erst abends einfällt, dass er am nächsten Morgen gelbes Tonpapier braucht, dürfen Sie ruhig die Achseln zucken: Entweder findet Ihr Kind selbst eine Lösung (»Ich habe bei Selina angerufen, die bringt mir welches mit«), oder es muss der Lehrkraft sein Versäumnis erklären. Beim Vergessen von Schwimmsachen, Heft oder Hausaufgaben gilt: Federn Sie das, was daraus entsteht, nicht ab. Tragen Sie den Turnbeutel nicht nach und fahren Sie nicht zur Schule, um nach dem liegen gelassenen Mathebuch zu forschen. Lassen Sie Ihr Kind auflaufen, damit es für sein Tun geradezustehen lernt. Baden Sie keinesfalls aus, was es verbockt hat, aber helfen Sie ihm gegebenenfalls bei der Lösung des Problems. Schule schult Eigenverantwortung. Tun Sie es auch!

Leander behauptete, zur Einschulung müsse er nur die Schultüte mitnehmen. So ließen seine Eltern den Sturkopf ohne Ranzen losgehen. Als die Abc-Schützen ohne Schultüte, aber mit Ranzen das erste Mal ins Klassenzimmer einziehen sollten, war Leander der einzige ohne Schultasche. Seine Eltern meinten, so nehme ihr Sohn wenigstens in Zukunft auch mal einen Rat an – selbst von den Eltern.

SCHUL-PRODUKTE WERTSCHÄTZEN

Das baut das Schüler-Ich auf

UNDEFINIERBARE GEMÄLDE, krumme Basteleien, ungelenke Sätze: Was ein Schulkind gerade anfangs zuwege bringt, ist kaum perfekt. Sonst wäre der Schulbesuch ja überflüssig. Manche Formulierungen klingen für Erwachsenenohren witzig, wie die von Max: »In der Schule wird das Spiel nicht vom Schiedsrichter abgepfiffen, sondern von der Schulklingel!« Doch verkneifen Sie sich lautes (Aus-)Lachen. Lassen Sie auch Bemerkungen, falls das gemalte Pferd wie ein Klotz mit vier Säulen aussieht, und schmeißen Sie Machwerke nicht achtlos weg. Das mit Schwung agierende Kind wird dadurch verunsichert, verliert seine Unbefangenheit und das Zutrauen zu seinen Fähigkeiten. Niemand soll lobhudeln. Es geht darum, die Mühe des Kindes wertzuschätzen und seine Anstrengung anzuerkennen – statt sie in den Papierkorb zu werfen. Gelungene Werke dürfen Sie natürlich bewundern! So stärken Sie Ihr Kind und motivieren es, weiterhin Neues zu versuchen.

LECKERES PAUSENBROT

Abwechslungsreich und nicht zu üppig

WER GEISTIG ARBEITET, MUSS ESSEN. Wer regelmäßig frühstückt, ist laut Studien sogar seltener übergewichtig. Deshalb sollten selbst Frühstücksmuffel, bevor sie zur Schule aus dem Haus gehen, wenigstens ein Mini-Brot, ein paar Löffel Müsli oder ein Stück Obst vertilgen und auch etwas trinken. Kalkulieren Sie dafür Zeit ein, denn manche Kinder haben allein wegen des Gefühls der Hetze keinen Appetit.

In jedem Fall gehört ein Pausenbrot in den Schulranzen, sodass Ihr Kind seine

Energie und Leistungsfähigkeit wieder auffrischen kann. Milch- und Vollkornprodukte sind besonders günstig, da sie lang anhaltende Energie liefern. Machen Sie aber keine »Riesenstulle«, meist genügt eine Scheibe Brot. Fragen Sie Ihr Kind, was »drauf« soll, denn Vorlieben wechseln. Etwas Obst, Karotte oder Paprika ergänzt die Mahlzeit – am besten in mundgerechten Stücken, denn Forscher ermittelten, dass Kinder so doppelt so viel davon essen. Ansonsten gilt: Die Pausenmahlzeit sollte lecker sein, damit das Schulkind sie tatsächlich isst (siehe nächstes Rezept). Süßes gehört nur selten in Miniportionen in den Ranzen! Wer wie Jason zwei süße Riegel dabei hat, isst kaum noch sein Brot.

Frisch am Morgen zubereitet, schmeckt die Pausenmahlzeit am besten. Doch wer mehrere Kinder hat und morgendliche Hektik vermeiden will, kann den Snack am Vorabend zusammenstellen und im Kühlschrank aufbewahren. Legt das Kind mit Hand an, wird das Ergebnis oft noch lieber gegessen.

PAUSENBROT RETOUR

Weder gutheißen noch dramatisieren

DIE PAUSENMAHLZEIT kann nicht immer haargenau bemessen sein. Mal hat ein Kind mehr, mal hat es weniger Hunger. Manchmal gibt es auch Muffins oder Eis in der Schule, weil jemand Geburtstag hat. Schimpfen Sie also nicht, wenn in der Brotdose ein Rest geblieben ist. Der Druck, das Brot aufzuessen, verführt dazu, die Pausenmahlzeit beim nächsten Mal einfach wegzuwerfen. Das widerspricht nicht nur einem umsichtigen Umgang mit Lebensmitteln, sondern raubt Ihnen zudem den Überblick über das Essverhalten Ihres Sprösslings. Es kann dann allerdings auch passieren, dass Sie beim nächsten gemeinsamen Aufräumen des Schulranzens (siehe Seite 148) einen »archäologischen Urzeit-Brotfund« machen. Deshalb ist auch von mehreren Brotdosen abzuraten: So manche ist schon in einer Zimmerecke verschollen.

Sagen Sie lieber nichts, wenn Ihr Kind sein Pausenbrot wieder mit heimbringt, oder fragen Sie bei Wiederholung sachlich nach, warum nicht alles gegessen wurde. Vielleicht erfahren Sie, dass Sie zu große Portionen machen oder Salami dem Sprössling zum Hals heraushängt.

EIGENBAU-TRINKFLASCHE

Wiegt wenig und ist hygienisch

SIE SEHEN SCHICK AUS, die in Läden angebotenen bunten Trinkflaschen für Kinder. Aus ihnen trinkt es sich netter als aus Pfandflaschen vom Getränkehändler. Eigentlich ein gutes Argument für ihren Kauf, denn Trinken ist so wichtig, dass Schüler es heute auch während des Unterrichts dürfen. Doch die modischen Trinkflaschen sind teuer, manchmal schwer und lassen sich oft nur mühsam reinigen, sodass gesundheitsschädlicher Schimmel in Ritzen droht. Gehen die teuren Teile verloren oder werden vergessen, ist das ärgerlich. Eine prima Alternative: eine Trinkflasche Marke Eigenbau. Nehmen Sie dafür eine 0,5-Liter-Mehrwegflasche aus Plastik. Sie ist leicht, aber stabil, der Schraubverschluss ist sicher, und wenn sie unansehnlich wird, tauschen Sie sie einfach gegen eine neue aus.

Damit Ihr Kind aus seiner Flasche gern trinkt, sorgen Sie für individuelles Styling: Entfernen Sie das Etikett und kleben Sie ein neues auf. Das Motiv können Sie oder das Kind selbst gestalten. Oder die Flasche wird direkt bemalt, am besten eignen sich Permanentstifte dazu. Viel Spaß beim Gestalten – und prost!

SPIELERISCH FÖRDERN 22

BAUSÄTZE ZUM LERNEN UND ÜBEN

Der Umgang mit Hammer, Schraubenzieher, Nadel und Faden lässt sich früh durch attraktive Hilfsmittel fördern: Mit Mini-Werkbank, Strickliesel und Kindernähmaschine können Nachwuchshandwerker sofort loslegen. Ältere Kinder setzen gern Bausätze zu Saurierskeletten zusammen, nähen nach Schnittmuster ein T-Shirt oder erforschen mit Experimentierkästen chemische Zusammenhänge. Führen Sie den Nachwuchs in die Kunst des Lesens von Bau- und Arbeitsanleitungen ein!

GELASSENHEIT BEI NOTEN

Jeder hat sein individuelles Lerntempo

BEIM ZEUGNISTELEFON, das etwa von Gemeinden betrieben wird, rufen Eltern immer früher an. Manche fürchten, dass in der zweiten Klasse eine Drei in Deutsch oder Mathe später den Besuch des Gymnasiums vereiteln könne! Das zeugt von Sorgen, die sich auf den Nachwuchs übertragen. Leistungsdruck und Angst sind aber viel schlechtere Lehrmeister als Spaß und Ermutigung (siehe Seite 152). Nicht jede Note kann und muss eine Eins sein, sei das Kind noch so begabt.

Es ist gut, sich angesichts einer Vier oder Fünf vor Verallgemeinerungen zu hüten wie »Du bist eben dumm« oder »Du bringst es später mal zu nichts«. Das nützt nichts und impft dem Kind ein schlechtes Selbstbild ein, das es klein und unsicher macht. Schalten Sie keinesfalls Psychologe oder Anwalt ein, sondern bewahren Sie Ruhe. Besprechen Sie mit Ihrem Kind, wie es zu der schlechten Note gekommen ist, und überlegen Sie gemeinsam günstigere Lernwege (siehe nächstes Rezept). Würdigen Sie, wenn Ihr Kind sich von einer schlechten Note auf eine bessere, wenn auch noch nicht gute Note steigert. Ist es zerknirscht und mutlos, weisen Sie es auf seine guten Noten in anderen Fächern hin.

Machen Sie Ihrem Kind Mut für die Zukunft: Vieles gibt sich im Laufe der Zeit. Nachhilfe in der Grundschule ist nur im Notfall sinnvoll (siehe Seite 186). Kinder brauchen Zeit, sich einzufinden und sich zu entwickeln. Alle haben ihr individuelles Lerntempo. Gerade Jungs brauchen in den ersten Schuljahren Raum, um Spielen und Lernen zu verknüpfen. Zeigen Sie dem Sprössling, dass Sie ihm zutrauen, seinen Weg zu machen.

Comedy-Künstlerin Martina Hill macht kein Hehl daraus, dass sie eine Spätzünderin war. Nie hätte sie gedacht, mal locker vor TV-Kameras zu stehen. Selbst im Schultheater war sie nur Souffleuse gewesen. Sie sagte mal: »Meine Eltern haben mir immer vertraut. Die haben gesagt: Die Martina, die geht ihren Weg. Es war von Anfang an klar, ich mache kleine Schritte. Meine Führerscheinprüfung habe ich auch erst mit Mitte 20 in Angriff genommen.«

CHECKLISTE FÜR ERFOLG

Was die Lernsituation hemmt oder beflügelt

NICHT JEDER SCHÜLER ist ein Überflieger. Aber jeder Schüler kann etwas. Seine Fähigkeiten zu erkennen und zu fördern, seine Lernwege zu nutzen und den Informationsfluss mit dem individuellen Lerntempo zu verschränken, um Wissen und Erfahrung zu erweitern, ist Ziel der Schule. Das Zuhause trägt zur Lernsituation und damit zum Gelingen bei. Fallen Noten anders als von Ihnen erhofft aus, drehen Sie nicht sofort an der Drill- und Lernschraube. Prüfen Sie stattdessen die Lernbedingungen. Vielleicht anhand dieser kleinen Checkliste:

11 Gründe für schlechte Noten

- ungünstige Schullaufbahn (zu früh/zu spät eingeschult, unpassende Schule)
- mit der Schule verbundene schlechte Gefühle (Angst, Minderwertigkeitsgefühl, Ohnmacht, Scham)
- individuell passende Lernstrategie noch nicht gefunden
- sich unwohl fühlen in der Klasse oder bei einem bestimmten Lehrer
- Anpassungsschwierigkeiten aufgrund sehr ausgeprägter Individualität
- Konzentrationsprobleme (zu wenig Schlaf, keine Übung, innere Unruhe)
- Probleme mit Zeitmanagement
- Schule als langweilig empfunden
- Verlust der Lernmotivation
- Druck durch ständiges Abfragen und Kontrollieren von Leistung
- emotionale Belastungen (Trennung der Eltern, Krankheit, Mobbing, Pubertät)

11 Gründe für gute Noten

- individuell passende Schullaufbahn
- mit der Schule verbundene gute Gefühle (Neugier, Spaß, Freundschaft, Anerkennung, Lob)
- individuell passende Lernstrategie
- sich wohlfühlen in der Klasse und bei den Lehrern
- gute Integration ins Schulleben aufgrund sozialer Kompetenz
- gute Konzentration (ausgeschlafen, geübt, fällt von Natur aus leicht)
- gelingende Zeiteinteilung
- Schule als interessant empfunden
- hohe Lernmotivation
- Freude durch selbstentdeckendes Lernen und Interesse der Eltern
- emotionale Stabilität (intakte Familie, Freundschaften in Wohnumfeld und Klasse)

KEINE NOTEN-SCHIMPFE

Lieber die Lernstrategie überdenken

NIEMAND WÜNSCHT SICH schlechte Noten. Aber sie sind manchmal da. Der Grund muss weder Dummheit noch Faulheit sein, sondern sie haben oft ganz andere Ursachen (siehe Seite 160). Deshalb ist es nicht sinnvoll, wenn Eltern wegen einer Fünf mit ihrem Kind schimpfen oder es bestrafen: Ist Lara durch den Auszug des Vaters so traurig, dass sie eine schlechte Note schreibt, verbessert Mamas Motzen gar nichts. Im Gegenteil, die Schimpfe spitzt die Situation weiter zu. Denn ein ohnehin belastetes Kind empfindet die blöde Note sowieso als zusätzliche Last, kommt dann noch Schimpfe hinzu, ist der Druck kaum auszuhalten.

Statt das Kind zu tadeln, ist es effektiver, konstruktiv in die Zukunft zu blicken: »Was kannst du tun, damit die nächste Note besser wird?«, könnten Sie fragen. Warten Sie auf Vorschläge des Sprösslings, bevor Sie eigene machen. Überlegen Sie gemeinsam, was zu tun ist. Je konkreter der Plan ist, desto besser.

Ausnahme: Schimpfen und damit verbundene Konsequenzen sind dann sinnvoll, wenn vereinbarte Lernschritte vom Kind nicht eingehalten werden oder Sie merken, dass Ihr Kind überhaupt nicht bereit ist, sich anzustrengen.

Lisa, eine ehrgeizige Viertklässlerin, weinte. Sie hatte in der Deutscharbeit eine Fünf und erzählte mir, dass sie nun Angst vor den Eltern habe und zudem 5 Euro zahlen müsse. Bei einer Eins bekomme sie 10 Euro, bei einer Zwei 5 Euro, bei einer Fünf oder Sechs müsse sie entsprechend zahlen. Noch mehr hatte Lisa aber Angst vor Schimpfe. Ich riet ihr: »Versuch es mal mit einem Wunsch. Sag deiner Mutter, dass du dich angestrengt hast, dass du über die Fünf unglücklich bist und dir wünschst, dass sie das akzeptieren kann.« Anderntags kam Lisa strahlend auf mich zu: »Es hat geklappt!«, sagte sie. Sie habe alles genau so zur Mutter gesagt, und die habe gemeint, das sei dann ja »nur ein Ausrutscher« gewesen. Lisa war wie erlöst.

KONKRET VERBESSERN

Schritt für Schritt üben

WAS TUN, wenn das kleine Einmaleins nicht sitzt oder ein Kind sich beim Lesen schwertut? Manche Eltern denken dann an Nachhilfe, doch diese Extrastunden sind nur im Ausnahmefall nötig (siehe Seite 186). Fast immer reicht es aus, wenn Eltern, ältere Geschwister oder Mitschüler aktiv werden. Filtern Sie mit Ihrem Kind und eventuell auch mit Unterstützung der zuständigen Lehrkraft heraus, wo es »hakt«. Gemeinsam lässt sich dann eine Lösungsstrategie entwickeln. Verabreden Sie kleine, machbare Schritte. Denn mit allgemeinen Anweisungen wie »Du musst mehr lernen« oder »Streng dich doch mal richtig an« kann ein Kind nichts anfangen.

Sinnvoll sind konkrete Arbeitseinheiten, die sich in den Alltag einbauen lassen und schnell zu Erfolgserlebnissen führen. Prima ist, wenn Sie Ihre Unterstützung zusichern. Um die Rechtschreibung zu verbessern, könnten Sie sagen: »Du schreibst jeden Tag aus deinem Lieblingsbuch zehn Sätze ab, und ich schaue es mir dann an.« Bei einem Lesemuffel könnte die Vereinbarung lauten: »Du kannst mir jeden Abend eine Viertelstunde vorlesen.« Ist Mathe das Problem, wäre eine sinnvolle Abmachung: »Ich stelle dir jeden Tag nach den Hausaufgaben drei Matheaufgaben.« Selbst wenn Ihr Kind die verabredeten Übungsschritte tatsächlich allein schafft, tut es ihm gut zu wissen, dass Sie hinter ihm stehen. Sie sind wie ein Netz, das ihm Halt gibt.

Bei schludrigen Schülern kann auch die sorgfältige Kontrolle der Hausaufgaben zu besseren Schulleistungen führen (siehe Seite 182). Es geht dabei aber nur um eine »Endabnahme«, niemand sollte sich neben sein Kind setzen und ihm auf die Finger schauen. Wehrt Ihr Sprössling sich gegen Kontrolle, vereinbaren Sie eine Zeitspanne: »Ich kontrolliere so lange deine Aufgaben, bis ich merke, dass du den Unterrichtsstoff verstanden hast.« Das Festlegen von Begleitfaktoren kann sich ebenfalls positiv auswirken: »Hausaufgaben machst du jetzt immer direkt nach dem Essen« oder »An den Computer darfst du erst, wenn du mit Hausaufgaben und Lesetraining fertig bist«. Vielleicht beschließen Sie auch: »Du brauchst mehr Schlaf. Ab jetzt ist eine halbe Stunde früher das Licht aus.«

AUF DIE STÄRKEN ACHTEN

Schau, was du kannst!

DIE SCHULLAUFBAHN strotzt von Noten. Da wird oft vergessen, dass die Persönlichkeit des Schülers auch aus Faktoren außerhalb des Notenrasters besteht. Also schauen Sie auch auf solche Fähigkeiten Ihres Kindes, die niemand benotet: Milan liest schlecht, ist aber ein Fachmann für die heimische Tier- und Pflanzenwelt und immer sehr hilfsbereit. Nora kann nur mäßig rechnen, aber sie ist eine tolle Reiterin und zudem ausgesprochen verlässlich.

Es ist immer wichtig, auf die Stärken eines Kindes zu schauen und sie ihm ins Bewusstsein zu heben. Besonders aber dann, wenn Schulnoten Kummer bereiten. Statt wegen einer Fünf in Mathe das Fußballspielen zu streichen, sollten Sie gerade dann Freiräume fürs Ausleben der Begabungen schaffen. So sorgen Sie für Erfolgserlebnisse, die sich wiederum positiv auf schulische Leistungen auswirken. Zudem erkennt Ihr Kind, dass zwar Anstrengung und Leistung von ihm erwartet werden, dass es aber davon unabhängig als Person wertgeschätzt wird.

ABHOLEN NUR ZUR NOT

Erst einmal rückfragen, wie dringend es ist

»KANNST DU MICH ABHOLEN?«, tönt die piepsige Stimme aus dem Telefonhörer. Da schmilzt ein Elternherz sofort dahin, und Mama hastet zum Auto, um den kleinen Liebling abzuholen. Doch stopp! Halten Sie inne, atmen Sie durch und fragen Sie erst einmal nach, was los ist. Oft ist »Bauchweh« der Grund des Anrufs. Viele Lehrer erlauben Schülern in solchen Fällen, aus dem Sekretariat zu telefonieren.

Das blöde Gefühl im Bauch muss jedoch nicht Krankheit bedeuten, es kann auch andere Ursachen haben: Übermüdung, Blähungen, Streit mit Mitschülern, Angst vor einem Schulfach.

Möglicherweise hat Ihr Kind aber tatsächlich gar nichts, sondern will nur mal abgeholt werden, wie es dies bei Mitschülern beobachtet hat!

Bleiben Sie also ruhig und lassen Sie sich erzählen, was los ist. Nehmen Sie Ihr Kind und seine Beschwerden ernst. Ist es nichts Dringliches, springen Sie nicht sofort auf, sondern machen Sie klar, dass Sie mit etwas beschäftigt sind. Versichern Sie dem Kind, dass Sie es nach Hause holen, wenn es Schmerzen hat, mit denen es lieber im Bett liegt. Fragen Sie dann nach: »Ist es so dringend, dass ich dich sofort abholen muss? Oder meinst du, es geht die zwei Schulstunden noch? Kriegst du das hin?« Bleibt der Schüler bei seinem Wunsch, abgeholt zu werden, sollten Sie ihn erfüllen. Wahrscheinlicher ist jedoch, dass Ihr Kind wie meine Tochter tapfer verkündet, dass es die paar Stunden schon noch aushalten könne. In diesem Falle sollten Sie ihm Rückendeckung geben, indem Sie versichern: »Wenn es schlimmer wird oder du es nicht aushalten kannst, ruf mich noch mal an. Dann hole ich dich sofort.«

Ein Kind spürt so: Ich bin nicht mir selbst überlassen, wenn ich jetzt den Hörer auflege. Ich werde ernst genommen und wenn nötig »gerettet«. Das beruhigt, gibt Halt und macht Mut, in der Schule zu bleiben. Meine Tochter kam nach dem Gespräch mittags putzmunter von der Schule nach Hause, und wahrscheinlich ist das auch bei Ihrem Kind der Fall.

Ruft ein Kind öfter zu Hause an, um abgeholt zu werden, sollten die Eltern mit ihm in einem vertraulichen Gespräch die wahren Ursachen erforschen. Auch der Kontakt zur Lehrerin kann Klarheit bringen (siehe Seite 165) und helfen, das abzustellen, was Ihrem Kind Bauchschmerzen bereitet.

Der schüchternen Erstklässlerin Jule gefiel es nicht, in Religion beim Rollenspiel mitzumachen. Dann wurde sie von ihrer Gruppe auch noch in eine Rolle gedrückt, die sie nicht mochte. Vor den nächsten Religionsstunden ließ sie sich jedes Mal nach Hause abholen – wegen Bauchweh. Ein Gespräch mit Jules Mutter brachte Klarheit, ich versprach anschließend der Sechsjährigen, dass sie künftig bei Rollenspielen zuschauen dürfe. Jules Bauchweh war daraufhin wie weggeblasen, das Mädchen wurde eine sehr gute Schülerin und traute sich nach einigen Monaten auch, sogar freiwillig bei Rollenspielen mitzumachen.

LEHRERKONTAKT PFLEGEN

Gemeinsam an einem Strang ziehen

WAS IM KINDERGARTEN BEGINNT, intensiviert sich in der Schule: Erziehung und Förderung finden nicht mehr nur zu Hause statt. Optimal ist es, wenn zum Wohle des Kindes Eltern und Pädagogen an einem Strang ziehen. Nötig ist dafür Kontakt. Denn im Gespräch erfährt jeder, wie der andere tickt, wie andere Menschen das Kind wahrnehmen. Während die Eltern den Vorteil haben, ihren Sprössling intensiv zu kennen, haben Lehrer das Plus, ihn unvoreingenommen und mit Distanz zu betrachten. Außerdem können sie seine Entwicklung und seinen Leistungsstand mit anderen Schülern vergleichen. So entpuppt sich im Gespräch vielleicht, dass sich ein Elternpaar ganz umsonst Sorgen um den Wissensstand oder das Verhalten seines Kindes macht, weil die Lehrkraft weiß: Das ist für dieses Alter vollkommen im Rahmen.

Empfehlenswert ist es, die Lehrerin oder den Lehrer schon zu kennen, bevor es ein schulisches Problem gibt. Nehmen Sie deshalb Elternabende und Elternsprechtage wahr. Sie bieten eine Chance, den Weg Ihres Kindes im Dialog gemeinsam zu begleiten. Außerdem können Sie dann auch entspannter zum Gespräch gehen, sollte wirklich eines Tages ein Problem auftauchen. Am besten machen Sie sich vor dem Treffen mit der Lehrkraft ein paar Stichpunkte zu den Sachverhalten, die Sie besprechen oder klären möchten. Denn sonst fällt Ihnen womöglich nach dem Ende der Gesprächszeit noch etwas ein, was Sie anzusprechen vergaßen: »Schade, ich wollte ja noch wissen, ob in diesem Schuljahr eine Lesenacht stattfindet.«

Der gute Kontakt zur Schule hat darüber hinaus noch einen wichtigen Effekt: Er signalisiert dem Schulkind, dass es keine Chance gibt, Eltern und Lehrer gegeneinander auszuspielen.

Achim fand bereits in der ersten Klasse Hausaufgaben lästig. »Mein Vater hat gesagt, ich muss die nicht machen«, erklärte er seiner Lehrerin so überzeugend, dass sein Vater in die Schule zitiert wurde und aus allen Wolken fiel. Es blieb Achims einziger Versuch, Lehrer und Eltern auszutricksen.

LOHN FÜR GUTE NOTEN?

Lieber Finger weg vom Geld

GELD FÜR GUTE NOTEN? Lieber nicht, vor allem nicht bei Geschwistern. Denn das Honorar kann Konkurrenzprobleme schüren. Für Merle ist es beispielsweise schwer genug zu akzeptieren, dass sie mit großer Anstrengung da eine Drei schafft, wo die Schwester mit links eine Eins produziert. Außerdem ist die Drei in Englisch vielleicht härter erarbeitet, also mehr wert als die Zwei in Sport.

Bei Einzelkindern kann ein kleines finanzielles Bonbon okay sein: höchstens zwei Euro für eine Eins. Studien haben gezeigt, dass sogar Schüler mit guten Noten und Lust auf Leistung die Motivation verlieren, wenn sie zu stark belohnt werden. Geld zerstört nachhaltiges Lernen, das vor allem aus eigenem Antrieb geschieht. Wenn Sie etwas belohnen, dann die Anstrengung – am besten mit Lob: »Das finde ich toll, wie du dich durchgebissen und gelernt hast. Guck, so viel hast du richtig gelöst!«

ZEUGNIS-EXTRA

Besonderer Erlebnis-Abschluss einer Lernphase

GELD FÜRS ZEUGNIS ist eine besondere Belohnung, jedoch sollte es eine Pauschalsumme sein, statt jede Note einzeln zu entlohnen. Doch sinnvoller ist es ohnehin, die schulische Anstrengung statt mit Geld mit einem erlebbaren Extra zu feiern. Wenn das dann noch mit Extrazeit von Mama und Papa verbunden ist, empfindet ein Kind es als eine wunderbare Wertschätzung.

Nehmen Sie sich Zeit, um gemeinsam etwas Tolles zu unternehmen: einen Ausflug zum Wunschziel des Kindes, einen Restaurantbesuch inklusive Schickmachen oder ein Zeugnisfest.

Wenn Stella mit dem Zeugnis nach Hause kam, gab es Mittagessen im Restaurant und am darauffolgenden Wochenende einen Ausflug zur Pferderennbahn oder zum Baggersee. In Klasse 5 fragte sie einmal, ob sie nicht wie andere Kinder fürs Zeugnis Geld bekommen könne. Entweder Geld oder Ausflug, sagte ich, beides sei zu teuer. Sie grübelte und wählte dann – den Ausflug.

ELTERN EXTRA

Ruhe bewahren

Das Familienleben schlägt manchmal hohe Wellen. Wenn das Baby schreit, wenn das Kindergartenkind sich trotzig im Supermarkt auf den Boden wirft, wenn das Schulkind zur vereinbarten Zeit nicht zu Hause ist oder mit Klassenkameraden loszieht, die Ihnen nicht gefallen, wenn freche Worte Ihnen in vorpubertärer Weise entgegengeschleudert werden – dann ist eins zu empfehlen: Ruhe bewahren. **Atmen Sie tief durch,** analysieren Sie die Lage und denken Sie positiv. Denn alles andere nützt in diesem Moment ohnehin nichts. Beruhigen Sie sich selbst. Mit Ihrem Kind – egal ob es in der aktuellen Situation vor Ihnen steht oder erst später greifbar ist – sollten Sie in möglichst **sachlicher Tonlage** sprechen. Denn ereifern Sie sich, dreht mit Sicherheit auch Ihr Sprössling auf – und am Ende womöglich durch.

Um Ruhe bewahren zu können, ist eine Voraussetzung wichtig: Schlafen Sie genug! Denn andernfalls liegen die Nerven sehr viel schneller blank. Wenn Sie nicht zeitig ins Bett können oder wollen, gönnen Sie sich ein Mittagsschläfchen. Meine Freundin Gudrun hat das trotz ihrer sechs Kinder täglich gemacht – und die hielten sich an die Nicht-stören-Regel.

Wer mittags partout nicht einschlafen kann, mag vielleicht im Grünen spazieren gehen, um zu regenerieren. Schläfchen und Zufußgehen bringen Körper und Geist wirkungsvoll ins Gleichgewicht, besonders gut tut ein Spaziergang durch den Wald.

Wer solchermaßen ausgeschlafen oder **aufgetankt** wieder auf der Familienbildfläche erscheint, ruht stärker in sich. Diese innere Ruhe spürt ein Kind, und sie überträgt sich auch. Eine gute Basis fürs verträgliche Miteinander.

HAUSAUFGABEN

Schreiben, Rechnen, Lernen, Üben klappen am besten, wenn die Motivation stimmt. Dabei helfen ein geeigneter Arbeitsplatz, eine gute Zeiteinteilung – und kleine Stupser in die richtige Richtung, wenn das Schulkind mal nicht weiterkommt. Mit ein paar Tricks unterstützen Sie Ihr Kind dabei, seine Aufgaben ordentlich zu erledigen, und zeigen ihm zudem, dass Sie ihm auch schon eine Menge allein zutrauen.

MAMA IST KEINE LEHRERIN

Schuster, bleib bei deinem Leisten

VERZWEIFELTE MÜTTER, weinende Kinder: Bei Hausaufgaben spielen sich oft Dramen ab. Meist ist es die Mutter, die schnell in die Rolle einer Zweitlehrerin rutscht. Damit verschwimmen fürs Kind die Grenzen zwischen Schule und Zuhause, und der Zorn auf die Lehrerin wird womöglich auf Mama übertragen oder umgekehrt. Interesse an Hausaufgaben ist wichtig (siehe Seite 153), aber Mama ist keine Lehrerin. Das zu wissen entlastet. Die »Gewaltenteilung« tut gut, denn so wird etwas inneres Zurücklehnen möglich. Die Entspannung überträgt sich aufs Kind. »Besprich das mit deiner Lehrerin«, dürfen Sie sagen, wenn Ihnen ein Sachverhalt unklar ist. »Bitte deine Lehrerin, dir das noch mal zu erklären«, sollten Sie sagen, wenn Ihr Kind etwas nicht versteht. Auch den einsamen Kampf um ordentliche Hefte dürfen Sie lassen, sprechen Sie die Lehrer an. Sie sind Fachleute. Bauen Sie auf ihre Kompetenz.

SPIELERISCH FÖRDERN 23

HANDSCHRIFT UNTERSTÜTZEN

Da der Computer perfekte Schrift ermöglicht, hat die Handschrift es schwer. Sie wirkt weniger akkurat als Getipptes. Machen Sie Ihrem Kind klar, dass keine Konkurrenz besteht – der Mensch ist kein Drucker. In der Schule gilt es zunächst, die Handschrift zu entwickeln. Viele Kinder schludern jedoch, sodass Jugendliche oft eine ungelenke Handschrift haben. Dabei sind handgeschriebene Briefe und Notizen die persönlichste Variante von Text. Stellen Sie sich einen Liebesbrief in Arial Narrow vor! Ermuntern Sie also Ihr Kind zum Schreiben! Loben Sie schöne Sätze. Geben Sie ab und zu kleine Tipps: »Welcher Buchstabe ist das – ein a? Ich dachte, ein e. Versuche, sorgfältiger zu schreiben, damit deine Lehrerin dir nicht einen Fehler anstreicht.«

VORSAGEN VERBOTEN!

Jedes Kind soll sich selbst erproben

ES IST VERFÜHRERISCH für Mama und Papa, ihr Erwachsenenwissen zu demonstrieren. Wie schnell ist da eine Lösung vorgesagt oder die zündende Idee geliefert. Schließlich will jeder nur das Beste fürs Kind, und dessen Hausaufgaben sollen tipptopp sein! Zudem fällt es Eltern oft schwer zu ertragen, dass sich ihr kleiner Schatz bei den Hausaufgaben quält und um Hilfe fleht. Aber durch solche Phasen muss jeder Schüler durch, je eher, desto besser. Lassen Sie die Hände weitgehend von den Hausaufgaben weg – genauso wie vom Schulranzen (siehe Seite 148)! Denn hat sich ein Kind an die gutmütige Souffleuse gewöhnt, stellt sein Gehirn auf Sparflamme um. Es ist ja so bequem, die Denkarbeit anderen zu überlassen! Das ist jedoch fatal, da jedes Kind selbstständig werden soll.

Ein weiterer Nachteil des »Vorsagens«: Lehrer können nicht erkennen, wenn ein Schüler Probleme mit dem Stoff hat. Ahnungslos wird er zügig im Thema weitergehen, im Glauben, alle kämen prima klar. Aus demselben Grund sollten Eltern Hausaufgaben auch nicht verbessern (siehe Seite 185). Bei jüngeren Schülern ist es dennoch gut, wenn ein Erwachsener bei Hausaufgaben in der Nähe ist: als anteilnehmender Zuschauer und vielleicht auch als Motivator. »Versuch's selbst, du kriegst das schon hin« ist eine Aufforderung, die das Hirn des unlustig stöhnenden Nachwuchses oft doch noch in Bewegung setzt. Zumal wenn Sie hinzusetzen: »Je eher du fertig bist, desto eher kannst du spielen.«

Falls Sie Hilfe leisten, weil Ihr Sprössling das sprichwörtliche Brett vorm Kopf hat, so leisten Sie Hilfe zur Selbsthilfe: Geben Sie einen Tipp, wie Ihr Kind die Lösung allein finden kann: »Lies dir diesen Satz bitte noch mal genau durch.« Oder: »Lege die Rechenaufgabe mit den Murmeln nach.« Oder: »Du hast keine Idee, was du malen sollst? Denk doch mal an unseren letzten Urlaub.«

Die Erstklässler sollten ein Deckblatt für ihre Mappe anfertigen. »Du kannst aber toll malen!«, lobte ich Violas Werk, worauf ihr Cousin sein Insiderwissen preisgab: »Das hat ihre Mutter gemalt!«

LERNRITUALE

Details helfen, in den Arbeitsmodus zu schalten

ES VEREINFACHT DAS DURCHHALTEN bei Hausaufgaben, verringert Diskussionen und minimiert »Schlupflöcher« des Aufschiebens, wenn Sie es schaffen, eine feste Struktur zu etablieren: Rituale erleichtern es dem Gehirn eines Kindes, in den Arbeitsmodus zu schalten. Dazu gehören eine verlässliche Zeit, ein fester Arbeitsplatz und individuelle Details wie Musik. Rituale signalisieren: »Jetzt ist Arbeitszeit.« Vielleicht führen Sie einen speziellen Hausaufgabenstift, eine Lerntasse, womöglich sogar eine Lernkappe, einen Mathepulli oder Lerntalisman ein. Sind die Hausaufgaben erledigt, packt das Kind am besten sofort die Tasche für den nächsten Tag. So ist das Thema Schule abgehakt – und der Kopf frei für alles andere, was das Leben schön macht.

ZUR RICHTIGEN ZEIT

Aufschieben vermiest nur den Tag

FÜR DIE MEISTEN ELTERN IST KLAR, dass ein Kind möglichst direkt nach dem Mittagessen mit den Hausaufgaben beginnen sollte. Auch wenn dann der Körper mit Verdauen beschäftigt ist und eine gewisse Müdigkeit einzieht, liegen doch die Gründe für die frühe Erledigung der Hausaufgaben auf der Hand:

- Das Kind ist satt, sein Durst gestillt – seine Grundbedürfnisse damit zufriedenstellend abgedeckt.
- Wenn alles erledigt ist, hat das Kind den Rest des Tages zur freien Verfügung und kann ihn genießen.
- Werden Hausaufgaben aufgeschoben, schweben sie wie ein Damoklesschwert über der Freizeit (»Ich muss ja noch …«), und Eltern müssen dann meistens die Spielverderber sein.

- Sich zu den Hausaufgaben aufraffen fällt doppelt schwer, wenn man gerade toll spielt oder einen Film schaut.
- Die Dauer der Hausaufgaben lässt sich häufig schwer abschätzen, weshalb ein Kind, das spätnachmittags beginnt, oft spätabends noch dasitzt und über seinen Heften brütet. Müde fällt dies doppelt schwer und dauert länger.

Da erst ab 15 Uhr die biologische Leistungskurve des Körpers wieder ansteigt, kann es sinnvoll sein, nach dem Essen mit einfachen Hausaufgaben zu starten. Alternativ kann das Kind, wenn wenig zu tun ist, erst mal raus an die frische Luft oder ein Schläfchen machen und dann Punkt 15 Uhr mit der Arbeit für die Schule beginnen.

AM RICHTIGEN ORT

Lieber Schreibtisch oder Esstisch?

IN DER ARBEITSWELT gibt es Fachleute, die Arbeitsplätze überprüfen. Das zeigt, wie sehr ein gutes Arbeitsergebnis vom Ort abhängt. Bei Hausaufgaben richtet sich die Eignung des Platzes weniger nach dem Wesen der Arbeit als vielmehr nach dem Wesen des Kindes. Es soll sich wohlfühlen, denn in angenehmer Umgebung fällt Lernen leichter.

Kann sich ein Kind gut konzentrieren und gibt ihm Mamas Nähe Kraft, mag es am Esstisch arbeiten, so wie ich es früher tat, während meine Mutter das Geschirr spülte. Ist ein Kind dagegen stolz auf seinen Schreibtisch und bevorzugt es die Ruhe seines Zimmers, arbeitet es dort besonders effektiv.

Mancher Unruhegeist hat Mühe, sich zu konzentrieren. Ihm helfen Ruhe sowie ein zur Wand ausgerichteter Schreibtisch, damit die Augen nicht abgelenkt werden. Auf die Arbeitsfläche gehören nur Utensilien, die unmittelbar gebraucht werden (siehe Seite 174). So gelingt die Konzentration aufs Wesentliche.

Ein guter Arbeitsplatz ist hell, denn schlechtes Licht strengt an und macht müde. Am besten fällt Tageslicht von links auf das Heft. Bei künstlicher Beleuchtung sollten Sie auf Leuchtmittel achten, deren Helligkeit mindestens einer 60-Watt-Glühbirne entspricht (steht bei anderen Leuchtmitteln so auf der Packung). Auch zu viel Wärme macht müde: 18 bis 20 Grad sind als Arbeitstemperatur ideal. Ruhig zwischendurch lüften! Frische Luft belebt das Gehirn.

NUR NÖTIGES GRIFFBEREIT

Für effektives Arbeiten

ES FÖRDERT DIE KONZENTRATION vieler Schüler, wenn ihr Tisch frei von lustigen Radiergummis, Figürchen und Malsachen ist. Auf die Arbeitsfläche gehört nur, was für den ersten Arbeitsschritt benötigt wird. Also Bleistift und Schreibheft, wenn Ihr Kind das a üben soll.

Danach kommt beides in Schulranzen oder Regal zurück und es werden Buntstifte und Papier ausgepackt, sofern der zweite Arbeitsauftrag lautet, ein Bild zu malen. So kann sich das Kind auf jeden Arbeitsschritt konzentrieren, es verliert nicht im Mix der Arbeits- und Spielmaterialien den Überblick. Zumal sonst schnell mal im Buch geblättert oder mit dem Spielzeugauto herumgekurvt wird.

MIT MUSIK?

Wenn's hilft und bei der Arbeit beschwingt

»MACH DAS GEDUDEL AUS«, sagte meine Mutter, wenn ich bei Hausaufgaben das Radio laufen ließ. Sie glaubte, Musik lenke mich ab. Doch eher das Gegenteil war richtig: Meist hörte ich gar nicht, was gespielt wurde. Es war, als würde die Musik einen Klangteppich ausbreiten, auf dem sich die »Denkgymnastik« leichter absolvieren ließe. Inzwischen gibt es viele, die sagen, Musik beeinflusse Schularbeiten positiv. Klar ist: Je entspannter und besser die Stimmung bei den Rechen- und Schreibaufgaben ist, desto leichter fallen sie. Einer Studie der American Medical Association von 2011 zufolge erledigen Ärzte, die beim Operieren ihre bevorzugte Musik hören, die Arbeit schneller und präziser als ohne Musik. Diese Erkenntnis lässt sich sicher auch aufs Hausaufgabenmachen übertragen.

ARBEITEN IN PORTIONEN

Gut sortiert ist halb erledigt

SO WIE EIN KIND im Chaos seines Zimmers keine Ahnung hat, wo es mit Aufräumen beginnen soll, sitzt mancher Schüler vorm Berg seiner Hausaufgaben und findet nicht den Dreh zum Anfangen. In diesem Falle hat sich das Arbeiten in Portionen bewährt. Eltern können den Sprössling bei der Reihenfolge unterstützen und ihm die Struktur vorgeben, solange er sie noch nicht allein anwenden kann.

Starten sollte man, so haben Studien gezeigt, mit einer leichten oder angenehmen Hausaufgabe. So sinkt die Hemmschwelle, zu beginnen, und der kleine Kopfarbeiter kommt in Schwung. Das Erfolgserlebnis, eine Aufgabe bewältigt zu haben, motiviert dann häufig dafür, die nächste, vielleicht unliebsame oder schwierigere Aufgabe in Angriff zu nehmen. Die Leistungskurve bleibt so länger oben, das haben Untersuchungen gezeigt.

Diese Vorgehensweise kann aber einen Nachteil haben: Beginnt das Kind mit etwas, das es gerne macht, investiert es unter Umständen sehr viel Zeit und Energie. Die fehlen dann bei der nächsten, schwereren Aufgabe. In der Praxis wird deshalb häufig der umgekehrte Weg gegangen, den auch meine Tochter bevorzugt: Sie erledigt zuerst das, was sie »das Blödeste« nennt. Dann hat sie es nicht mehr im Kopf, sondern hinter sich. Es drückt nicht länger auf ihre Seele. Sie weiß, ab jetzt wird's einfacher. Welche Abfolge bei Ihrem Kind am günstigsten ist, können Sie es ausprobieren lassen. Dann behält es das bei, was schneller und besser ging.

Gibt es schriftliche und mündliche Hausaufgaben, sollte Ihr Kind sie am besten im Wechsel abarbeiten: Rechnen, Lesen, Schreiben, Auswendiglernen, Malen. So wirkt jede Einheit kürzer, und die Abwechslung lässt alles kurzweiliger erscheinen.

Das Arbeiten in Portionen lässt sich prima mit dem Durchstreich-Trick (siehe Seite 178) kombinieren! Und sitzt Ihr Kind vor der schier unendlichen weißen Weite leerer Blätter mutlos wie der »Ochs vorm Berg«, können Sie ihm das Anfangen erleichtern, indem Sie die Arbeitsportion umreißen: »Sechs Sätze musst du mindestens schreiben, toll ist, wenn du noch zwei mehr schaffst.« Oder: »Schreibe bis in Zeile zehn, das genügt.«

NUR EINE STUNDE LERNEN

Der Gehirn-Akku ist nur begrenzt aufladbar

ZU DEN HAUSAUFGABEN gehört Auswendiglernen: Gedichte, Lieder, Städtenamen, später Vokabeln, Hauptstädte, Pflanzen… Hinzu kommen »freiwilliges« Lernen und Üben, denn nicht jeder Schüler versteht in der Normzeit, was Lehrer erklären. Eltern neigen dazu, das Lernen zeitlich zu übertreiben. Doch bei zu langem Pauken sinken Lern- und Merkfähigkeit sowie die Fähigkeit, Zusammenhänge zu begreifen. Der »Gehirn-Akku« ist nur begrenzt aufladbar.

Lehren Sie Ihr Kind daher, sein Lernpensum aufzuteilen. Forscher empfehlen, höchstens eine Stunde Lernen am Tag ab dem dritten Schuljahr, dafür täglich. Durch das »Häppchen«-Lernen und stetige Aktivieren des Stoffs merke sich ein Kind doppelt so viel wie bei stundenlangem Pauken. Zudem verleiden kürzere Einheiten weniger das Lernen.

PAUSE EINLEGEN

Das frischt die Auffassungsgabe auf

30 MINUTEN am Stück Hausaufgaben machen fällt in der ersten und zweiten Klasse vielen schwer. Im dritten und vierten Schuljahr soll sogar eine Stunde täglich gearbeitet werden. Pausen erleichtern das Durchhalten: Nach 15 Minuten sind 5 Minuten Erholung angesagt. Das Gehirn verarbeitet dann, womit es sich befasst hat. Es speichert die Inhalte ab und regeneriert, danach ist es leistungsfähiger. Das klappt aber nur, wenn die Pause den Kopf entlastet. Also kein Fernsehen, Lesen, Computerspielen! Lieber etwas trinken oder Obst essen. Noch besser ist Bewegung: Sie entspannt und macht den Kopf frei. Nützlich ist ein Küchenwecker, denn fünf Minuten sind im Nu vorbei!

SINGEN MACHT SCHLAU

Im Zeitalter der Musikkonserven sind fantastische Stimmen jederzeit verfügbar. Das hat jedoch eine Schattenseite: Singen wird nicht mehr nur als wohltuender Zeitvertreib, als Streicheln der Seele erlebt, sondern viele Menschen vergleichen sich mit den Profisängern und trauen sich nicht mehr, selbst zu singen. Schade, ist Singen doch ein archaisches Bedürfnis. Schmettern Sie doch mal mit Ihrem Kind drauflos, ob zu Hause, im Auto oder beim Wandern! Wenn Sie die Freude am Gesang fördern können, legen Sie sogar einen wichtigen Lebensbaustein für Ihr Kind. Singen macht schlau! Eine 2011 vorgestellte Untersuchung der Universität Bielefeld, die an 500 Kindergartenkindern durchgeführt worden war, zeigte deutlich, dass spielerisches Singen die geistige, körperliche und soziale Entwicklung signifikant fördert. Besonders in den Bereichen Sprachentwicklung, Sozialverhalten und Aggressionsbewältigung. Singen sei »Kraftfutter für Kinderhirne«, stellten die Forscher fest. Das zeigt sich bei der Einschulung: Kinder, die viel sangen, wurden zu 88 Prozent als regelschulfähig eingestuft, Kinder, die wenig sangen, nur zu 44 Prozent. Eine Untersuchung des Instituts für Musikpädagogik in Frankfurt in Zusammenarbeit mit der Universität Köln und dem Deutschen Sängerbund hat zudem bereits 2004 ergeben, dass gemeinsames Singen gesund erhält: Die Messwerte, die ein kompetentes Immunsystem anzeigen, stiegen signifikant, außerdem verbesserte sich die Stimmung der Sänger bedeutsam. Beim bloßen Hören derselben Musik traten diese Effekte nicht auf.
Musik, wenn sie selbst ausgeübt wird, ist fürs Gehirn eine Art »Doping«. Denn sie verbindet beide Gehirnhälften, was eine stärkere Vernetzung der linken »rationalen« mit der rechten »emotionalen« Hälfte zur Folge hat. Das verbindende Nervenbündel, Corpus callosum, wird gestärkt, und zwar derart, dass Neurologen anhand von ihm Profimusiker identifizieren können. Wer seinem Kind die Freude am Musizieren und Singen vermittelt, investiert in eine glückliche Zukunft.

DER DURCHSTREICH-TRICK

Macht stolz und motiviert

EIN TOLLES HILFSMITTEL bei Hausaufgaben ist, immer dann einen Punkt im Aufgabenheft oder Wochenplaner zu streichen, wenn er erledigt ist. Natürlich ließe sich die Sache auch buchstäblich abhaken, aber Durchstreichen ist massiver und daher wesentlich lustvoller. Ein Kind erkennt mit dieser Methode auch besser, was es schon geschafft hat, denn der dicke Strich macht auf den ersten Blick kenntlich: Das ist ausgelöscht! Immer weniger Aufgaben bleiben übrig, das motiviert zum Weitermachen – bis alles fertig ist.

Diese Methode ist auch nützlich, wenn Ihr Kind mehrere Alltagsdinge erledigen soll. Lassen Sie es eine Liste schreiben: die Zeitung zu Oma bringen, Alex anrufen, das CD-Regal aufräumen, das Geschenk für Julius einpacken. So wird nichts vergessen, das Ausstreichen macht stolz auf das Geleistete und beflügelt zugleich für den Endspurt.

WAS ELTERN TUN KÖNNEN

Gute Bedingungen für die Schulkarriere

ELTERN SOLLTEN PRINZIPIELL die Hände von den Hausaufgaben lassen, da das Kind etwas lernen soll und nicht sie selbst. Trotzdem können sie einiges tun und beim Hausaufgabenmachen und Lernen für günstige Begleitumstände sowie eine lernfreundliche Atmosphäre sorgen. Dazu gehört vor allem:

- Interesse zeigen an dem, was das Kind in der Schule macht und was es zu Hause arbeitet (siehe auch ab Seite 153).
- Den häuslichen Arbeitsplatz optimieren (siehe Seite 172 bis 174).
- Anstrengung und Durchhalten mehr würdigen als das Ergebnis.

- Auf ausreichend Schlaf achten.
- Ansprechbar für Fragen sein – ohne Antworten einfach zu verraten.
- Dem Kind auf die Sprünge helfen, wenn es nicht weiterweiß oder einen Durchhänger hat, aber es Lösungen selbst finden lassen.
- Beim Üben »Steigbügelhalter« sein, ohne es dem Kind abzunehmen.
- Bei einer größeren Aufgabe anleiten, wie sich diese strukturieren lässt.
- Motivieren, den »Anfangsdreh« zu finden.
- Kein Radebrechen bei Fremdsprachen (siehe Seite 136).
- Ihrem Kind seine Eigenheiten lassen in Wortwahl, Vorstellungen und Ideen, da es um seine Leistung geht.

Ein Danke-Brief an Oma und Opa war mal wieder fällig. Stella saß schon ziemlich lange verzweifelt vor dem leeren Blatt und wusste nicht, wie sie beginnen sollte. Ich hielt ihr motivierend meine Finger zum Abzählen hin und sagte: »Welche Gründe findest du, um ihnen zu schreiben? Ich überlege mit.« Stella begann: »Bedanken.« Ich: »Okay, das habe ich auch. Zweitens?« »Die Kleider passen mir richtig gut.« »Prima. Drittens?« So machten wir eine Weile weiter – daraufhin schrieb sie den Brief im Nu.

ÜBUNG »WECHSELFRAGEN«

Zum Wiederholen und Üben

BEIM ÜBEN UND ÜBERPRÜFEN von schulischen Inhalten können Sie Ihr Kind nach Schema F abfragen. Aber kein Kind liebt das. Die Bereitschaft, mitzumachen, ist meist größer, wenn Sie mit einsteigen: Dabei stellt zunächst Ihr Kind Ihnen eine Frage zum Thema oder zu einer Vokabel, die Sie beantworten.

Anschließend werden die Rollen getauscht: Sie fragen, Ihr Kind antwortet. Wechseln Sie sich mit Fragen und Antworten ab, so lange Sie beide mögen. Da bei dieser Methode auch das Kind in die Rolle des »lehrerhaften« Fragers schlüpfen kann, hat es eher Spaß an der Sache. Zudem vertieft auch das Fragenstellen den Stoff, denn fragen lässt sich nur nach etwas, das man wahrgenommen hat.

ÜBUNG »DREIMAL SCHREIBEN«

Mini-Rechtschreibtraining zwischendurch

FRÜHER HABEN KINDER seitenlang Texte abgeschrieben. Das ist zwar nicht sehr kreativ, hat aber ein Gutes: Das Gehirn speichert durchs häufige Wiederholen die optimale Auge-Hand-Koordination und damit die richtige Schreibweise ab. Auch heute noch trainieren Erstklässler über viele Zeilen Groß- und Kleinbuchstaben sowie Ziffern. Zwar muss ein Drittklässler noch nicht »Rhododendron« richtig schreiben können, aber »reiten« sehr wohl. Entdecken Sie, dass Ihr Kind ein gängiges Wort fehlerhaft geschrieben hat, können Sie fix »Dreimal schreiben« verordnen: reiten, reiten, reiten. Machen Sie keinen großen Akt daraus, es genügt ein Zettel aus dem Papierkorb. Begründen Sie die Übung, damit Ihr Schreiberling weiß, dass sie nicht Schikane, sondern Lernhilfe ist: »Wenn du das Wort mehrmals nacheinander richtig schreibst, merken sich deine Hand und dein Kopf, wie es richtig ist.«

ETAPPENZIEL ALS ANREIZ

Wenn das Lernziel zu weit entfernt ist

SO MANCHES LERNZIEL scheint für ein Schulkind anfangs Lichtjahre entfernt zu sein: ein Aufsatz mit zwanzig Sätzen, das Vierer-Einmaleins! Dafür braucht es Geduld und Ausdauer. Geht's gar nicht vorwärts, formulieren Sie ein Etappenziel: »Bei fünfzehn Sätzen darfst du aufhören und die letzten fünf morgen schreiben.« »Wenn du beim Aufsagen nur noch höchstens einen Fehler machst, kannst du für heute mit dem Lernen des Vierer-Einmaleins aufhören.« Das vermeidet Versagergefühle, und ein Etappenziel erreicht zu haben ist ein Erfolg, der gut tut.

Merle hat eine Rechtschreibschwäche, deshalb muss sie jeden Text zuerst aufsetzen. Hat ihre Mutter ihn mit ihr durchgesprochen, überträgt Merle ihn sauber ins Heft. Sie hasst das Vorarbeiten, zumal sie fürchtet, dass ein fehlerfreier Text ewig auf sich wird warten lassen und damit das Vorschreiben nie endet. Die Lösung könnte so aussehen: »Wenn du von 50 Wörtern 40 richtig schreibst, brauchst du das nächste Mal nicht mehr vorschreiben.«

MIT FREUNDEN LERNEN

Geht leichter und fördert viele Fähigkeiten

HAUSAUFGABEN MACHEN, für eine Klassenarbeit lernen, ein Referat vorbereiten: Gemeinsam macht das Arbeiten mehr Spaß. Zum einen steht man nicht allein vor der Aufgabe, außerdem hat im Team mal der eine, mal die andere eine zündende Idee, so geht die Arbeit besser von der Hand. Auch können die Kinder einander anspornen, wenn einer mal nicht weiterweiß. Oft schlägt zudem der Wettbewerbsgeist durch, sodass jeder sein Bestes gibt. Durch diese positiven Faktoren verändert sich womöglich sogar die Einstellung gegenüber schulischen Anforderungen positiv, denn: War ja halb so wild! Und was ein Kind einmal gemeinsam mit anderen geschafft hat, an das traut es sich auch allein eher ran.

Das Arbeiten mit Freunden ist auch deshalb so angenehm, weil sich dabei Schwätzchen halten lassen – nicht nur über den Lerninhalt. Das verleiht der Arbeitszeit eine gewisse Leichtigkeit. Manchmal finden die Kinder dabei jedoch nicht das richtige Maß, sodass die Arbeitsmoral leidet. Dann mischen Sie sich ein: »Es geht nicht, dass ihr euch dauernd gegenseitig ablenkt. Entweder macht ihr jetzt eure Hausaufgaben fertig, oder das nächste Mal macht sie jeder wieder allein.« Daran sollten Sie sich konsequent halten!

Schöner Nebeneffekt: Das Arbeiten im Team trainiert das soziale Lernen und damit die im Arbeitsleben gefragten »Soft Skills«. Es fördert die Fähigkeit, mit anderen zu kommunizieren, sich auseinanderzusetzen und zusammen zu Ergebnissen zu gelangen.

VERTRAUEN IST GUT I

… denn es stärkt dem Kind den Rücken

MANCHE KINDER machen ihre Hausaufgaben am liebsten allein. Das zeugt von Selbstständigkeit und Zutrauen zu sich selbst. Manchmal ist es für Eltern schwer, das auszuhalten, weil sie die Aufgaben anders erledigen würden. Jeder hat aber seinen eigenen Lernstil. Versuchen Sie, die Gratwanderung zwischen »Machenlassen« und »Einmischen« (siehe auch Seite 150 und 170) hinzubekommen. Geben Sie Ihrem Schulkind einen Vertrauensvorschuss, wenn es eigenständig arbeiten will. Zeigen Sie Interesse (siehe Seite 153), bleiben Sie ansprechbar, aber sitzen Sie nicht daneben. Ständiges Kontrollieren verunsichert ein Kind. Je mehr Sie sich raushalten, desto besser.

Trotz guten Willens klappt das Timing bei unerfahrenen Schülern jedoch oft nicht. Stupsen Sie dann mit Nachfragen etwas an: »Was hast du eigentlich für morgen auf?«, »Sollst du nicht morgen das Bild abgeben?« Sie hören dann möglicherweise ein entsetztes »Das hab ich ja ganz vergessen!«.

VERTRAUEN IST GUT II

… aber Kontrolle auf Zeit ist manchmal besser

SOGAR BEI SEHR selbstständigen Schülern gibt es Phasen oder Fächer, wo Vertrauen nicht immer genügt. Dann ist Kontrolle sinnvoll. Am besten über einen Zeitraum, den Sie mit Ihrem Kind zuvor besprechen. Zum Beispiel: »Ab heute gucke ich mir deine Mathehausaufgaben an, wenn du sie fertig hast«, könnte Mama sagen, um zu sehen, wo es hapert, und Unverstandenes direkt zu besprechen. »Sobald ich sehe, dass du alles kannst, brauchst du sie mir nicht mehr zu zeigen.«

Kontrolle ist auch dann nötig, wenn Sie vom Lehrer erfahren, dass Ihr Kind seine Hausaufgaben unvollständig macht: »Ab sofort zeigst du mir jeden Tag dein Hausaufgabenheft und deine fertigen Hausaufgaben – bis es klappt.«

Haben Sie das Gefühl, dass Ihr Kind wenig erzählt und die Lerninhalte an Ihnen vorbeigehen, können Sie einen »Hausaufgabentag« einführen. Dann schauen Sie sich alle Hefte und Arbeitsblätter der vergangenen Woche an. Wichtig ist, dass Sie dies gemeinsam mit Ihrem Kind tun. Denn es geht nicht nur um den Unterrichtsstoff, sondern es ist auch eine gute Gelegenheit für Sie, die Freuden und die Nöte Ihres Kindes besser wahrzunehmen.

HAUSAUFGABEN VERWEIGERN?

Ein drastischer Zukunftsausblick hilft

MANCHMAL SIEHT EIN KIND plötzlich überhaupt nicht mehr ein, warum es Hausaufgaben machen soll, es schludert oder verweigert sie. Sofern ein Gespräch nichts fruchtet, geben Sie Ihrem Sturkopf einen drastischen Ausblick in die Zukunft. Am besten ist eine Praxisdemonstration ohne viele Worte, so wie Norbert reagierte, als Töchterchen Eileen in der zweiten Klasse zur Hausaufgabenverweigerin wurde.

Norbert erklärte seiner Tochter Eileen sachlich, dass ihr Verhalten einen schlechten Schulabschluss und damit eine sehr eingeschränkte Auswahl an möglichen Berufen nach sich ziehe. Wer keine Hausaufgaben mache, könne beispielsweise Straßenfegerin werden. Norbert gab Eileen einen Besen in die Hand, damit sie als »Vorgeschmack« schon mal die Garagenzufahrt kehre. Er kontrollierte das Ergebnis sorgfältig und ließ Eileen hier und da nachbessern. Danach fragte er sie: »Und, wie war's? Kannst du dir vorstellen, das fünfzig Jahre lang jeden Tag zu machen, bei jedem Wetter?« Daraufhin war Eileen in Sachen Hausaufgaben wie verwandelt.

NACHSICHT BEI FEHLERN

Denn aus ihnen wird man klug

WENN EIN KIND alles, was es lernt, sofort beherrschen würde, und wenn alles, was es tut, auf Anhieb klappen würde, dann würde es sich wahrscheinlich unendlich langweilen. Ganz sicher ist das aber ohnehin unrealistisch. Denn nicht umsonst heißt es »Jeder fängt mal klein an«, »Es ist noch kein Meister vom Himmel gefallen« und vor allem »Aus Schaden wird man klug«. Speziell Letzteres vergessen wir leistungsorientierten Erwachsenen oft. Viele Eltern empfinden jeden Fehler, den ihr Kind macht, als Makel – und verbessern ihn sofort. Bei gravierenden oder immer wieder auftretenden Fehlern ist das durchaus wichtig – etwa wenn der Nachwuchs bei Rot an der Ampel weiterläuft oder den eigenen Namen zum x-ten Mal falsch schreibt. Viele andere Fehler sollten Eltern jedoch ignorieren, weil häufiges Verbessern das Kind aus der Spur bringt und die Lust am Ausprobieren bremst. Wenn Ihr Dreikäsehoch grammatikalisch falsch klagt »Da hat mich der Tom gehaut!«, lassen Sie ihn weiterquasseln, denn sonst erfahren Sie immer weniger von Ihrem Kind. Geschickt ist es besonders im Grundschulalter, die korrekte Formulierung durch die Hintertür zu vermitteln, indem Sie die Worte Ihres Kindes in richtiger Diktion wiederholen: »Tatsächlich? Tom hat dich gehauen?« Auch beim Englischlernen ebenso wie beim Musizieren gilt: Erst mal machen lassen. Sie brauchen nicht zu fürchten, dass sich ein Fehler verfestigt, wenn Sie ihn nicht sofort korrigieren. Vieles gibt sich mit dem Üben.

Gleiches gilt fürs Schreiben. Legen Sie an den Text eines Zweitklässlers keine zu hohe Messlatte. Hauptsache, Ihr Kind schreibt und findet Freude am Formulieren. Sehen Sie allerdings, dass es gängige Wörter wie »und«, »viel« oder »Auto« oft falsch schreibt, mischen Sie sich ein, damit sich der Fehler nicht festsetzt. Geben Sie nur einen Hinweis und gönnen Sie dem Kind entdeckendes Lernen: »Guck dir das Wort noch mal genau an!« Oder: »In dem Satz ist ein Wort falsch, das du schon richtig schreiben kannst!« Oder: »Schau dir diese Zahl noch mal genau an!« Fehler gehören zum Lernen, und eine korrekte Version kann Zufall sein. Dagegen weiß ein Kind, dem man einen Fehler erklärt, wie's richtig ist, es versteht Zusammenhänge. Das macht klug.

VERBESSERN OHNE LÖSCHEN

Transparenz für Lehrer geht vor Perfektion

WENN SIE DIE HAUSAUFGABEN Ihres Grundschülers kontrollieren und gemeinsam mit ihm Fehler aufspüren, ist für Lehrer wichtig, dass er die Verbesserungen nachvollziehen kann. Haben sie scheinbar auf Anhieb perfekt gelöste Hausaufgaben vor sich, können sie daraus nicht die richtigen Schlüsse über den Entwicklungsstand des Kindes ziehen. Sorgen Sie deshalb dafür, dass Ihr Kind das Original stehen lässt und das, was falsch ist, lediglich einmal durchstreicht. Die korrekte Fassung kann es darüber oder daneben notieren.

Ihr Liebling hat Text oder Rechenkästchen nachlässig ins Heft geschmiert? Scheuen Sie sich nicht, alles noch einmal in Reinschrift abschreiben zu lassen. Auch hier sollte das Original im Heft sichtbar bleiben. Sagen Sie es Ihrem Kind vielleicht so: »Und jetzt schreibst du alles in Erwachsenenschrift noch mal neu darunter.« Dann kann der Lehrer das Bemühen des Kindes und seinen Fortschritt erkennen.

MIT ANSCHAUUNG MOTIVIEREN

Dem Lernstoff eine Tür öffnen

JULIAN VERSCHIEBT die Gestaltung eines Plakats über Talsperren von einem Tag auf den nächsten, Melanie findet das Thema Mittelalter wenig prickelnd. In solchen Fällen können Sie die Motivation Ihres Kindes steigern, wenn Sie für Anschauung sorgen. Julians Eltern könnten die Besichtigung eines Talsperren-Stausees planen, Melanies Eltern die Fahrt zu einer Burg. Das beflügelt Lern- und Arbeitsfreude durch eigene Erfahrungen, und die Theorie bleibt besser im Gedächtnis haften.

NACHHILFE IM NOTFALL

Nur wenn alle Stricke reißen

NACHHILFE FÜR EIN GRUNDSCHULKIND sollte sehr sorgfältig erwogen und am besten mit der Lehrerin oder dem Lehrer abgesprochen werden. Große Lerndefizite können durch Umzug, Krankheit oder eine fremde Muttersprache entstehen. Ansonsten ist in den ersten vier Schuljahren Nachhilfe nur selten nötig, da die meisten Schulen Förderstunden in den Stundenplan integrieren – für langsam lernende ebenso wie für schnell lernende Schüler.

Aber Nachhilfe liegt im Trend. Eltern wollen ihre Lieblinge gern auf Bestleistungen trimmen. Im Jahr 2010 investierten deutsche Eltern laut der Bertelsmann Stiftung so intensiv in Nachhilfe wie noch nie: 1,5 Milliarden Euro. Den Extraunterricht erhielten 1,1 Millionen Kinder, wobei der Grund gar nicht immer eine bedrohte Versetzung war: Oft sollte lediglich eine Note von 4 oder 3 auf 2 oder 1 verbessert werden! Wie viele dieser Kinder bereits in der Grundschule in den »Genuss« kamen, ist unklar. Der Sinn ist in jedem Fall höchst zweifelhaft. Denn Nachhilfe während der Grundschulzeit spiegelt hohe Erwartungen der Eltern wider und macht Druck. Das hat zwei negative Konsequenzen: Erstens verleidet Druck die Freude am Lernen (siehe Seite 152). Zweitens lässt das gepuschte Ergebnis schlecht erkennen, welche individuellen Lernfähigkeiten das Kind aus sich heraus hat und welcher weiterführende Schultyp für es geeignet ist. Denn welcher Schüler, der durch Nachhilfe nur mit Ach und Krach eine Empfehlung fürs Gymnasium bekommt, wird mit den dortigen Anforderungen glücklich?

Wird Nachhilfe schon in jungen Jahren erteilt, kann zudem eine ungünstige Dienstleistungsmentalität entstehen nach dem Motto: »Macht nichts, wenn ich nicht richtig lerne, denn entweder reicht's, oder ich bekomme Nachhilfe.« Das Gegenteil ist wünschenswert: Ein Kind sollte sich für seinen Lernerfolg verantwortlich fühlen. Versuchen Sie, das individuelle Lernen Ihres Sprösslings fördernd (siehe Seite 160) statt fordernd zu begleiten – und bleiben Sie locker. Es gibt zahlreiche Hauptschüler, die Firmenchefs wurden. Glauben Sie an das, was in Ihrem Kind steckt (siehe Seite 152), dann wird es seine Möglichkeiten selbst entfalten.

Ohne Schutzglocke begleiten

Fürsorglichkeit ist etwas sehr Wünschenswertes. Doch wer übertreibt und eine Schutzglocke über sein Kind stülpt, beschneidet seinen **Freiraum.**
Denn es will aufbrechen, um die Welt zu entdecken. Ihr Kind ziehen zu lassen fällt Eltern häufig schwer, besonders Müttern, die bisher so eng mit ihm verbunden waren. Doch versuchen Sie zum Besten Ihres Kindes, es an der **langen Leine** laufen zu lassen. Nur dann kann es seine Identität entwickeln und das Leben in die eigenen Hände nehmen.
Sollte Ihnen das Loslassen schwerfallen, tauschen Sie sich mit Ihrem Partner aus. Möglicherweise hat der eine lockerere Sichtweise, die auch Sie entspannt.
Seien Sie offen für die Unabhängigkeitsbestrebungen Ihres Kindes: Freut es sich auf das Übernachten beim Freund? Will es ohne Eltern an einem Ausflug teilnehmen? Erzählt es mit glühenden Wangen von einer geplanten Radtour durch den Park? Lassen Sie es ziehen und unken Sie nicht, was alles passieren könnte.
Frauen, die erwerbstätig sind, und Alleinerziehende haben es in gewisser Weise leichter, ihren Kindern Freiräume zu geben: Sie haben gar nicht die Zeit, ihr Kind mit zu viel Nähe zu erdrücken. Es muss eigenständig agieren, wenn der Familienalltag rund laufen soll. Das macht das Kind **selbstbewusst** und lebenstüchtig.
Früher wurde Eltern, die beide berufstätig waren, oft ein schlechtes Gewissen gemacht – als würden sie ihr Kind unzureichend fördern. Doch neue Forschungen machen mit diesem Aberglauben Schluss, wie folgende Untersuchung zeigt: Eine Langzeitstudie des University College in London/England untersuchte, wie sich viel oder wenig mütterliche Gegenwart auf die Entwicklung eines Kindes auswirkt. Die Daten von fast 12 000 Kindern wurden ausgewertet, nachdem deren Verhalten zu drei Zeitpunkten überprüft worden war: im Jahr der Geburt, mit drei und fünf Jahren. Jedes Mal waren dieselben fünf Persönlichkeitsmerkmale unter die Lupe genommen worden: Umgang mit Gleichaltrigen, Hyperaktivität, emotionale Symptome, Verhaltensauffälligkeiten und Sozialverhalten.
Das Ergebnis: Kinder von »Vollzeitmüttern« hatten besonders oft soziale Schwierigkeiten und Verhaltensauffälligkeiten.
Bei Hausmännern war es ähnlich. Die Analyse zeigte: Ein Kind entwickelt sich am besten, wenn beide Elternteile arbeiten und erziehen. Als Grund vermuten die Forscher, dass diese Eltern **ausgeglichen und glücklich** sind, und das überträgt sich auf das Kind.

BÜCHER, DIE WEITERHELFEN

Juul, J.: *Dein kompetentes Kind: Auf dem Weg zu einer neuen Wertgrundlage für die ganze Familie;* rororo

Kohler, B.: *Hausaufgaben. Helfen, aber wie?;* Beltz

Micklitza, Kerstin: *Wandern mit Kind: zu Fuß, per Rad, mit Kanu;* Conrad Stein Verlag

Schmitz, Ralf: *Die besten Tipps zur Einschulung. Ratgeber zur Schulwegsicherheit,* e-book

Seyffert, S.: *Entspannte Kinder lernen besser: Wie Eltern ihre Kinder vom Schulstress befreien können;* humboldt

Stöcklin-Meier, S.: *Sprechen und Spielen. Kreative Sprachförderung für Kindergarten- und Grundschulkinder;* Kösel

Weber, Andreas: *Mehr Matsch!;* Ullstein Taschenbuch Verlag

Bilderbücher

Aliki: *Gefühle sind wie Farben;* Beltz

Braun, Gisela/Wolters, Dorothee: *Das große und das kleine NEIN;* Verlag an der Ruhr

Nase, D.: *Frag doch mal … die Maus! Mein Körper;* cbj

Pfeiffer, Anna: *Mein Geschwisterchen-Buch;* ars edition

Bücher aus dem GRÄFE UND UNZER Verlag, München

Bartram, A./Rogge, J.-U.: *Wie Sie reden, damit Ihr Kind zuhört, und wie Sie zuhören, damit Ihr Kind redet*

Bentheim, A./Murphy-Witt, M.: *Was Jungen brauchen*

Bohlmann, S.: *Die Familienschatzkiste*

Glaser, U.: *Die Eltern-Trickkiste: So bekommen Sie Zahnputzverächter, Gemüseverweigerer und alle anderen Widerständler spielend in den Griff*

Heepen, G. H.: *Schüßler-Salze für Kinder*

Juul, Jesper: *Vier Werte, die Kinder ein Leben lang tragen*

Kast-Zahn, A.: *Jedes Kind kann Regeln lernen* und *Jedes Kind kann richtig essen* und *Gelassen durch die Trotzphase*

Keicher, Dr. med. U.: *Kinderkrankheiten. Schnell erkennen – gezielt behandeln*

Koneberg, L./Förder, G.: *Kinesiologie für Kinder*

Kunze, P./Salamander, C.: *Die schönsten Rituale für Kinder*

Nitsch, C./Hüther, Prof. Dr. G.: *Kinder gezielt fördern* und *Wie aus Kindern glückliche Erwachsene werden*

Reichelt, K./Sommer, S.: *Die magische 11 der Homöopathie für Kinder*

Stamer-Brandt, P./Murphy-Witt, M.: *Das Erziehungs-ABC. Von Angst bis Zorn*

Stellmann, Dr. med. M./Soldner, G.: *Kinderkrankheiten natürlich behandeln*

Stumpf, W.: *Homöopathie für Kinder*

Vagedes, Dr. med. J./Soldner, G.: *Das Kinder-Gesundheitsbuch*

Valentin, L./Kunze, P.: *Die Kunst, gelassen zu erziehen*

ADRESSEN, DIE WEITERHELFEN

Erziehungberatungsstellen
Arbeitskreis Neue Erziehung e. V.
Hasenheide 54
10967 Berlin
www.ane.de
www.aktiv-fuer-kinder.de
Hier bekommen Sie Informationen rund um Erziehung und Familienalltag.

Bundeskonferenz für Erziehungsberatung e. V.
Herrnstraße 53
90763 Fürth
www.bke.de
Die Website bietet unter anderem die deutschlandweiten Adressen der Erziehungsberatungsstellen.

Interessenvertretungen
Bundesarbeitsgemeinschaft Elterninitiativen e. V. (BAGE)
Geschäftsstelle Berlin
Crellestraße 19/20
10827 Berlin
www.bage.de
Bietet unter anderem deutschlandweite Adressen von Initiativen zur Selbstorganisation von Kinderbetreuung sowie Fortbildungsveranstaltungen für Eltern, fördert die Vernetzung von Elterninitiativen.

Bundearbeitsgemeinschaft Familienbildung & Beratung e. V. (AGEF)
Hamburger Straße 137
25337 Elmshorn
www.familienbildung.de
Dachorganisation von 300 Familienbildungseinrichtungen und -trägern, vielfältige Angebote der Familienarbeit, unter anderem kostenfreie Eltern-Onlinekurse.

Verband alleinerziehender Mütter und Väter Bundesverband e. V.
Hasenheide 70
10967 Berlin
www.vamv.de
Zahlreiche Infos für Einelternfamilien sowie Angebote für Beratungen, Freizeit, finanzielle Absicherung und vieles mehr.

Websites
www.sicher-stark-team.de
Die Sicher-Stark-Stiftung hilft, sich vor den Gefahren des Internets zu schützen. Sie entwickelte die DVD-Serie »So schützen Sie Ihr Kind vor den Gefahren im Internet« (ISBN 978-3-9812954-4-3) und bietet Onlinekurse für Kinder und Eltern an.

www.fitfuerdenschulstart.de
Infos rund um den Schulalltag der Abc-Schützen, inklusive Pausenbrot-Rezepten.

www.familie.de
www.eltern.de
Infos zu Familienthemen, Schule, Erziehung, Gesundheit, Urlaub und vielem mehr

Websites, die für Kinder geeignet sind
www.bzzzpeek.com
www.fragfinn.de
www.blindekuh.de
www.primolo.de

Österreich
www.familieninfo.at
www.eltern.at
www.elternwerkstatt.at

Schweiz
www.kidscat.ch
www.elternnotruf.ch
www.muetterberatung.ch

REGISTER

Über die Autorin

Ute Glaser, Staatsexamen für das Lehramt an Gymnasien, unterrichtet stundenweise und schreibt als selbstständige Journalistin für Presse und Internet. Daneben ist die Mutter einer Tochter intensiv ehrenamtlich im Kinder- und Jugendbereich tätig und vielfältig mit anderen engagierten Eltern vernetzt.
Aus eigenen Erfahrungen und aus dem regen Austausch mit zahlreichen anderen Müttern und Vätern entstand auch dieses, ihr zweites Buch.

Impressum

Bildnachweis: Fotos: Corbis: S. 2, 5; Getty Images: S. 6, 8, 50, 110; iStock: S. 76, 168; Jürgen Kisters: S. 192; Masterfile: S. 30; Mauritius: S. 142

Illustrationen: Michael Wirth

Syndication: www.jalag-syndication.de

Umwelthinweis
Dieses Buch ist auf PEFC-zertifiziertem Papier aus nachhaltiger Waldwirtschaft gedruckt.

Projektleitung: Reinhard Brendli
Lektorat: Barbara Kohl
Bildredaktion: Julia Fell

Umschlaggestaltung und Layout: independent Medien-Design, Horst Moser, München
Herstellung: Susanne Mühldorfer
Satz: Uhl + Massopust, Aalen
Lithos: Longo AG, Bozen
Druck: aprinta, Wemding
Bindung: m.appl, Wemding

ISBN 978-3-8338-2819-5

1. Auflage 2013

www.facebook.com/gu.verlag

GRÄFE UND UNZER

Ein Unternehmen der
GANSKE VERLAGSGRUPPE

Unsere Garantie

Alle Informationen in diesem Ratgeber sind sorgfältig und gewissenhaft geprüft. Sollte dennoch einmal ein Fehler enthalten sein, schicken Sie uns das Buch mit dem entsprechenden Hinweis an unseren Leserservice zurück. Wir tauschen Ihnen den GU-Ratgeber gegen einen anderen zum gleichen oder ähnlichen Thema um.

Liebe Leserin, lieber Leser,

wir freuen uns, dass Sie sich für ein GU-Buch entschieden haben. Mit Ihrem Kauf setzen Sie auf die Qualität, Kompetenz und Aktualität unserer Ratgeber. Dafür sagen wir Danke! Wir wollen als führender Ratgeberverlag noch besser werden. Daher ist uns Ihre Meinung wichtig. Bitte senden Sie uns Ihre Anregungen, Ihre Kritik oder Ihr Lob zu unseren Büchern.
Haben Sie Fragen oder benötigen Sie weiteren Rat zum Thema? Wir freuen uns auf Ihre Nachricht!

Wir sind für Sie da!
Montag–Donnerstag: 8.00–18.00 Uhr;
Freitag: 8.00–16.00 Uhr
Tel.: 08 00/7 23 73 33
Fax: 08 00/5 01 20 54
(kostenlose Servicenummern)
E-Mail: leserservice@graefe-und-unzer.de

P.S.: Wollen Sie noch mehr Aktuelles von GU wissen, dann abonnieren Sie doch unseren kostenlosen GU-Online-Newsletter und/oder unsere kosten losen Kundenmagazine.

GRÄFE UND UNZER VERLAG
Leserservice
Postfach 86 03 13
81630 München